JOHANNES I. L. PFEIFFER

Schriftkram

IN DIESEM BUCH beschreibt der Autor in
Kurzgeschichten wichtige Themen wie Liebe,
Bindungen, Sehnsucht, Verlust, Respekt,
Wahrheit, Männer und Frauen, und vieles
mehr. Sie stammen dabei aus verschiedenen
Genres, einige beschreiben Selbsterlebtes.
Die Geschichten und Gedichte sind viel-
schichtig und lebendig und verfügen oft
über einen unerwarteten Turn.

DER AUTOR ist Ingenieur und schreibt seit
seinem 12. Lebensjahr, Kurzgeschichten und
Romane in den Genres Belletristik, Krimi,
Thriller und Science-Fiction.
Zu seinen Lieblingsautoren gehören Kafka,
Pessoa, Hemingway, Chatwin, Malaparte, Poe,
Mann, Hesse und Goethe. Das hier ist sein
erstes Buch, weitere sind in Vorbereitung.

JOHANNES I. L. PFEIFFER

Schriftkram

Bibliografische Information der Deutschen Natio-
nalbibliothek: Die Deutsche Nationalbibliothek
verzeichnet diese Publikation in der Deutschen
Nationalbibliografie; detaillierte bibliografi-
sche Daten sind im Handel unter dnb.dnb.de abruf-
bar.

Herstellung und Verlag:
BoD – Books on Demand, Norderstedt
ISBN Nr. 978-3-759-77013-4

Inhalt

In eigener Sache

Das Buch beinhaltet etliche meiner frühen Stories,
die ich meist mit der Schreibmaschine verfasste.
Daher wählte ich dieses Schriftbild für alle hier
veröffentlichten Geschichten.
Es sollte der Eindruck entstehen, als wären
   die Geschichten mit der Maschine getippt und
   rasch zusammengestellt und
   direkt so veröffentlicht worden.
Inwieweit der Eindruck gelungen ist, vermag der
Leser festzustellen.

Kurzgeschichten

Männer und Frauen

Die Götter trennten das Dunkel vom Tag
und schufen den Himmel und die Erde.
Sie erschufen alle Pflanzen und alles Getier.
Dann erschufen Sie den Mann,
damit er ihnen diene.
Sie erschufen ihn aus Lehm,
härteten ihn im Feuer.
Als er sich nützlich zeigte,
erschufen die Götter weitere Männer.
Später erschufen die Götter die Frauen.
Sie waren Luftwesen und flogen lachend
über den Köpfen der Männer hinweg.
Die Männer konnten nicht fliegen,
sie waren Wesen der Erde,
mit schweren Gebärden und schweren Körpern.
Die Frauen waren leicht,
trieben im Wind dahin,
ihre langen Haare umwehten ihre Gesichter.
Die Männer versuchten die Frauen zu fassen,
doch diese wichen lachend vor ihnen zurück.
Schließlich fertigten die Männer große Netze
und erkletterten die Wipfel der hohen Bäume.
Als am Morgen die Frauen
zwischen den Bäumen flogen,
warfen die Männer ihre Netze und fingen sie ein.
Sie brachten die Frauen in ihre Höhlen.
Damit sie nicht wieder wegfliegen konnten,

legten sie sich auf die Frauen
und füllten deren Schoss mit ihren Samen.
Die Frauen wurden ebenfalls schwer,
konnten nicht mehr aufsteigen,
verloren ihre Flügel.
Sie gebaren den Männern Kinder.
Auch diese konnten nicht mehr fliegen.
So waren die Männer und Frauen
dem Boden verhaftet.
Der Himmel blieb allein den Göttern vorbehalten.

S I E

Zögernd lüftet die Nacht den Mantel über dem Wäldchen und entfernt sich gemessenen Schrittes zu den Bergen, die von Ferne winken. Zurück bleibt ein kleines Bauernhaus, warmes Licht streichelt die Büsche vor den Fenstern. Tür fasst knarrend meine Hand, trete ein. Schatten lauern um die Deckenlampe.

S i e steht am Fenster und schaut zum nahen Wald. Mit wenigen Schritten gleite ich durch den Raum, fasse sie an den Schultern und drehe sie zu mir. Lange blonde Haare, zusammengebunden, blaue Augen. Kurzer Kuss, ergreife sie um die schmalen Schultern und schleuse sie zur Tür.

Draußen weicht die Nacht weiter zurück und überlässt dem Tag den Kadaver des greisen Dorfes. Runzelige Häuser, geduckt, wenige Gesichter an den Fenstern. Ein Hund schlägt an, Hühner tanzen um unsere Beine, packe eines, drehe ihm den Hals um und werfe es gegen eine Hauswand. Ein Habicht erscheint auf dem Dachrand und applaudiert, bevor er sich auf das Huhn stürzt.

Am Brunnen schöpft ein Esel Wasser und verteilt es unter seinen Brüdern am Trog. Es würde ein heißer Tag werden. Die Brücke über den gurgelnden Fluss wecke ich mit einem Tritt. Sie gähnt und reckt und streckt sich auf das andere Ufer hinüber. Fester Schritt, schlendern ihr Rückgrat entlang, befehlen ihr auf unsere Rückkehr zu warten. Am anderen Ufer warten Fliegen auf Frösche.

Freudig begleitet die Sonne uns auf dem gedrungenen Weg den Hügel hinab. An einer Kehre bleiben wir stehen und sehen einen Vogel, der über uns an der Himmelskachel festklebt. Mein Blick schneidet ihn aus und drapiert ihn auf den Zweigen eines nahen Baumes, von dem aus er nach Beute Ausschau hält. Er dankt mir mit einem leisen Krächzen, seine schwarzen Augen leuchten.

Schnaufend kriecht der asthmatische Bus die enge Straße herauf, bleibt schnaufend vor uns stehen und saugt uns in seinen Bauch. Langsam gehen wir an Puppen mit bleichen Gesichtern vorbei und setzen uns ganz nach hinten. Still winkt uns der Vogel zum Abschied.

Ohne Hast rollt der Bus den Weg hinab ins Tal, das keck seine Kleidung abwirft und sich uns nackt offenbart. Wie Quecksilber sickert die Straße ins grüne Fleisch, die Sonne biegt Zweige beiseite und sucht auf dem Boden nach dürren Sträuchern und kleinen freundlichen Feldern. Wir unterhalten uns, Worte kleben Mund an Mund, verlieren sich tröpfelnd zwischen den Marionetten vor uns.

Endlich hält der Bus vor einem rheumatischen Haus und spuckt uns aus, schreit uns an und fährt davon. Mühsam kommen wir auf die Beine und schlendern die Straße zur Stadtmitte entlang. Beiderseits biegen sich Häuser uns huldvoll entgegen, spielen mit Vögeln auf ihren Dächern, rollen Köpfe in ihren Augen. Menschenkörper scheren zwischen den Fahrzeugen über die Straße, kreuz und quer, schlagen Rad und purzeln durch Schaufenster, werden von Hausmündern eingesogen und wieder ausgespuckt.

Wir durchschwimmen ihre Blicke und Gesten und schneiden Gesichter aus, collagieren sie in unseren Erinnerungen. Kinderköpfe kleben an Fenstern wie riesige Spinnen, Frauen halten große Larven in Händen, füttern sie an ihren Leibern.

Auf einem Balkon hoch über uns zwischen den Wolken steht eine Frau und wirft ihr Kind hoch in die Luft, das freudig quietschend nach der Sonne greift und die Wolken mit kleinen Händen streichelt. Hoch und höher wirft die Frau mit angespanntem Gesicht ihr Kind, bis es endlich von der Sonne verschluckt wird. Sein Lachen zerbricht der Himmel hoch über uns.

Wir durchschreiten den Markt, auf dem sich Kühe anbieten und auf ihr schmackhaftes Fleisch aufmerksam machen. Obst und Gemüse stehen stramm, springen den Marktfrauen in die Hände und recken sich den Kunden entgegen. Wütende Proteste aufgereihter Hühner, die keiner kaufen will. Niemand achtet auf ihre winkenden halbierten Leiber. Ein Lamm bittet mich inständig, es zu kaufen, verneine das Angebot und schüttele sein Huf von meinem Ärmel

Jenseits des Marktes beginnt eine freie Fläche, auf der Kinder hoch durch die Luft segeln und nach Bällen greifen und sie sich gegenseitig zuwerfen. Ein Kind schwebt an mir vorbei und wirft mir ein Lachen an den Kopf. Wütend drehe ich mich herum, doch es entweicht zur Sonne und winkt mir von oben zu.

Schließlich endet der Platz in einem befreiten Aufatmen direkt am leeren Sandstrand. Das Meer rollt periodisch heran und nimmt meine Gefühle mit sich hinaus zum Himmel, mit dem es Eintracht hält.

Wir schreiten weiter voran, schwimmen durch den Sand und erreichen die ersten Stufen. Folgsam beschreiten wir Poseidons samtenes Reich und folgen den Fischschwärmen, die unsere Köpfe zärtlich streicheln. Uns bleibt nichts anderes übrig als weiterzugehen.

Hinaus, hinaus ... weg von den Menschen und ihren lächerlichen Problemen.

Herr K.

Herr K. betrat das Geschäft wie jeden Morgen um halb elf. Beim Klingeln der Türglocke hob der Mann an der Verkaufstheke kurz den Kopf und grüßte ihn. Sein „Guten Morgen!" schlängelte sich um die Köpfe der Kunden und zerschellte am Gesicht von Herrn K. Dieser erwiderte den Gruß mit einem kurzen Nicken seines schwarzen Hutes.

Langsam stieg er die Treppe auf, die vor ihm pyramidenförmig nach oben zu einer arroganten dunklen Tür führte. Protestierend gab sie seinem Drücken nach und weckte einen schmalen kurzen Gang, der links von zwei Fenstern beäugt wurde, aus seinem Morgenschlaf. Rechts lauerten zwei Türen auf unvorsichtige Besucher.

Herr K. wich ihren Augen aus und erreichte die Tür am Ende des Ganges. Kurz nestelte er an seiner Hose, dann hielten seine schwammigen Finger einen abgegriffenen Schlüssel bereit. Zögernd führte er ihn in das Schloss, stocherte kurz und drehte ihn dann energisch um. Ein Blick über seine Schulter zeigte ihm, dass niemand hinter ihm war. Die Türen sahen verstohlen beiseite. Flüchtig wischte er sich den Schweiß von der Stirn, bevor er eintrat.

Kaum im Zimmer schloss er hinter sich ab und drehte sich mit geschlossenen Augen um, machte zwei Schritte ins Innere des Raumes. Langsam öffnete er seine Augen und sog die Luft tief durch seine geblähten Nasenflügel ein. Das Fenster ihm gegenüber war mit grünem Tuch verhangen, Straßenlärmfetzen blieben daran hängen, jadefarbenes Licht erfüllte den Raum.

Sein Blick glitt über die aufgestapelten Spielsachen und stolperte über ein Schaukelpferd, aufziehbare Soldaten, ein dreibeiniges Teleskop, einen Kreisel, ein Luftgewehr und eine Dampfmaschine.

Herr K. zog sich rasch aus, faltete die Sachen ordentlich aufeinander und zog eine Schuluniform an, setzte eine Mütze auf und hockte sich auf den Boden, packte ein Buch und begann daraus zu lesen: „Und der V-V-Vaterrr bestrafte den ... den frechen Jungen, legte ihn ü-ü...über das Knie und ver...versohlte ihm den H-Hosenboden. Weinend lief der Junge zur Mutter. Sie legte die H...Hand auf die Stirn und wandte sich an ihre Freundinnen am Tisch. `Er hat heute Morgen s-s-seine kleine Schwester geärgert und einen Pächter erschreckt´. "Geschah Marie recht!", flüsterte Herr K., Augenschnitt des Bildes neben ihm: Schnurrbartvater mit Uhrketten-Weste, Sonnenschirm-Mutter, bezopfte Schwester, ER.

„Die Jugend von heute!", ereiferte sich eine andere Frau. „Zu unserer Jugendzeit hatten wir noch Respekt vor den Eltern!

Herr K. legte warf das Buch zu Boden, drehte sich abrupt um, glotzende Augenbälle. Doch Vaters Hand war nicht hinter ihm. Sein Atem beruhigte sich, wischte Schweiß von seiner Stirn. Liebevoll nahm er die Dampfmaschine aus dem Regal und begann das Feuer anzufachen.

Hei, wie lustig tanzte das Rad!

Der Kreisel rollte auf dem Boden und überholte den marschierenden Spielzeugsoldaten. Herr K. hockte auf dem Boden und klatschte in die Hände. Der Kreisel stieß gegen den Soldaten und warf ihn um, prallte gegen die Maschine und polterte gegen das Regal.

„Nein, Vater! Das kommt nicht wieder vor!", stammelte er und duckte sich auf den Boden, den Kopf unter den Händen verborgen.

Schließlich ließ sein Wimmern nach, und er hob langsam den Kopf. Der Kreisel kauerte ängstlich auf dem Boden. Mit einem raschen Griff holte er ihn heran, seine Finger konnten den Kreisel kaum umfassen. Er verbarg ihn unter sich und presste ihn so fest er konnte an seine Brust.

Der Vater würde gleich das Zimmer wieder verlassen!

Endlich entfernten sich seine Schritte aus dem Zimmer, pochten auf der Geländertreppe ins Arbeitszimmer hinab. Hans blieb liegen, bis er sich sicher glaubte, fischte den Globus aus einer alten Kiste und ließ ihn herumwirbeln. Mit dem Finger stoppte er ihn.

„Dort, dort will ich hin, wenn ich groß werde!", sagte er. Sein Finger drückte einen schwarzen Mann mit knappem Lendenschurz ins Erdreich. „Wenn ich endlich groß bin...!"

Seine Stimme wisperte durch die hohen Fenster nach draußen. Der Wind hörte ihn und schlüpfte behutsam ins Zimmer, flüsterte ihm Geschichten von fernen Ländern ins Ohr. Eines Tages...

Herr K. grüßte den Mann an der Theke kurz und verließ das Geschäft mit raschen Schritten. Auf dem Kopfsteinpflaster musste er einem Auto ausweichen. Menschengesichter blendeten ihn, ein Obsthändler preiste seine Ware an.

Wenn er einmal groß sein würde...

Schmetterlinge

Klingeln.

Tür.

Öffne.

Ein kleiner Mann steht vor der Tür.

Er hat einen großen Kopf, trägt einen Beutel in der Hand und lächelt zu mir herauf.

Ich sehe ihn fragend an.

„Ja, bitte?"

Sein Lächeln wird breiter.

„Wie kann ich Ihnen helfen?"

„Ich bin hier, um Ihnen zu helfen!" sagt er.

„Wer sind Sie? Kennen wir uns?"

Er schüttelt den Kopf.

„Nein, aber Sie haben mich bereits gesehen!"

„Wo? Wie? Wann?" entfährt es mir.

„Vorgestern auf dem Parkplatz beim Einkaufen, gestern vor Ihrem Büro. Erinnern Sie sich?"

Fotos blitzen auf. Gesicht. Lächeln. Seins.

„Ich bin ein Sammler!"

„Ein was?

„Ein Sammler!"

„Und was sammeln Sie?"

„Erinnerungen!"

Ich sehe ihn entgeistert an.

„Was …?"

Er bückt sich und hebt etwas vom Boden auf, das er rasch in seinen Beutel steckt.

„Auch Ihre!"

Ich trete unwillkürlich einen Schritt zurück.

„Ja, auch Ihre!"

Pause

„Die Menschen lassen ihre Erinnerungen achtlos fallen, als wären sie mit den Erinnerungen auch

die Wunden und Schmerzen los. Ich hebe sie auf,
reinige sie und gebe sie den Leuten bei Bedarf
zurück."

„Bei ... Bedarf?"

„Wenn der Besitzer sich an Dinge erinnern muss,
die er einst weggeschlossen geglaubt hatte."

„Wieso ich?"

„Sie müssen wissen, warum. Ich bin nur der Über-
bringer!"

    Der Mann hält mir den Beutel hin.

„Da nehmen Sie!"

Mechanisch ergreife ich den Beutel.

Er lächelt mich an tippt sich an die Stirn und
geht die Treppe hinab.

Ich sehe ihm nach, bis er verschwindet. Dann
schließe ich die Tür, gehe durchs Wohnzimmer und
trete auf den Balkon.

Den offenen Beutel stelle ich auf einen Tisch.

Die Erinnerungen verlassen den Beutel und um-
schwirren mich Schmetterlingen gleich.

Mein Vater

Mein Vater war ein toller Mann
Er war groß und stark und trug mich auf seinen
Schultern.
So konnte ich immer weit schauen.
Den Schlagball warf er weiter als alle anderen.
Beim Tauziehen waren drei Mann notwendig, um ihn
von der Stelle zu bekommen.
Er wusste immer, wieviel Geld er bei sich trug.
Seine Schuhe standen aufgereiht auf der Fußbank
im Flur. Er putzte sie 1-mal pro Woche.
Er wusste stets, wohin wir fuhren, und wir kamen
immer pünktlich an.
In Mathematik, Englisch und Physik half er mir
bei den Hausaufgaben.
Er wusste immer alles und erklärte mir die Welt.

Mein Vater …
Mein Vater
Meinen Vater habe ich zuletzt gesehen, als ich 2
Jahre alt war.

Nun habe ich selbst einen Sohn.
Und ich möchte, dass er einst sagen kann:
Mein Vater war ein toller Mann
Er war groß und stark und …

Die Reiter

„Sie kommen! Sie sind hinter mir her!" rief der Mann und versuchte sich loszureißen, aber ich hielt ihn am versengten Wams fest. Angst und Wahnsinn flackerten in seinen grauen Augen. Der Mund klaffte im verhärmten Gesicht wie eine offene Wunde, wirres Haar.

„Beruhig' er sich, Mann! Wer verfolgt und wieso?"

„Ich war in der belagerten Stadt unten an der Biegung des Flusses, als die letzten Wälle mit Schwert und Feuer gestürmt wurden. Sie müssen doch den Feuerschein gesehen haben, Herr, als die Häuser gebrandschatzt wurden!"

„Ich sah das Leuchten der Morgenröte am Himmel!"

„Das Schreien der geschändeten Frauen und der Kinder und Greise, die sie lebend in die Fluten warfen, Herr!"

„Ich lauschte dem müden Gesang des Windes in den Wipfeln!"

„Ich muss hier weg!" sagte er und riss sich los.

„Wer verfolgt sie?"

Er deutete nach hinten. Auf einem Hügelkamm erschienen drei Reiter, die ihre Pferde zügelten. Einer führte ein herrenloses Pferd am Zügel. Sie deuteten in unsere Richtung und gaben ihren Pferden die Sporen.

„Da! Sie kommen!"

Er wollte davonlaufen, aber ich ergriff ihn erneut am Ärmel und hielt ihn zurück.

„Wo wollen sie denn hin, so zu Fuß? Ohne Waffen?"

„Das Wort ist stärker als der Stahl! Welch Irrglaube!"

Sein Lachen verschmolz mit dem Horizont.

"Wir büßen alle für unsere Blasphemie! Der Einzige läßt sich nicht ins Handwerk pfuschen!" Irres Lachen. "Wir alle müssen bezahlen! Hier und jetzt und zu jeder Zeit!"

Er riss sich erneut los und lief vor mir den sanften Hügel hinab. Ein kleiner Bach plätscherte in einiger Entfernung, dahinter erhoben sich weitere geduckte Hügel. Schwach zeichneten sich Häuser in weiter Ferne ab. Seine Gestalt begann langsam kleiner zu werden.

Die Reiter

... waren heran.

Sie zügelten die bunten Pferde. Der Schimmel war herrenlos. Derjenige, der es am Zügel führte, reichte sie mir.

„Los, steig auf! Wir müssen den Menschen kriegen und ihn von seinen blasphemischen Ansichten befreien!" sagte er. „Im Namen des Einzigen!"

Ich stieg auf, und wir folgten der kleinen Gestalt, die in der Ferne kaum noch auszumachen war.

Herz aus Glas

An einem kalten Wintertag wurde ein Kind ge-
boren – ein gläsernes Kind. Deutlich waren jede
Ader und Vene, das Pulsieren des Herzens zu sehen.
Die Eltern fürchteten, das Kind würde nicht über-
leben und tauften es auf den Namen Elias. Aber
Elias gedieh und wuchs heran, wurde kräftig und
stark. Er war ein aufgewecktes und neugieriges
Kind, das alles sehen und erleben wollte. Rasch
bemerkte Elias, dass die anderen Menschen ihn mie-
den. Während sie sehen konnten, was in seinem In-
neren geschah, sah er bei den anderen nur ihre
Hülle. Er lernte seine Durchsichtigkeit zu verste-
cken hinter Kleidung und fadenscheinigem Beneh-
men.

Aber Elias hatte eine weitere Besonderheit,
eine Gabe. Er konnte sein Herz verschenken, es aus
dem Brustkorb nehmen und es jemand anderen geben.
Er schenkte es Mädchen und Frauen, mit denen er
zusammen war. Einige nahmen das Herz behutsam in
ihre Hände und behandelten es sanft, andere war-
fen es ihm vor die Füße, wo es zersprang. Er
klaubte die Splitter vom Boden auf und setzte sein
Herz zusammen.

Eines Tages spazierte Elias hoch über den Köp-
fen der anderen. Plötzlich geriet er ins Strau-
cheln und stürzte tief hinab auf die Straße zwi-
schen die Menschen. Durch den Aufprall glitt sein
Herz aus seiner Brust und zerschellte in tausender
kleiner Splitter, die davonstoben. Menschen zer-
traten sie achtlos.

Elias las die Splitter vom Asphalt auf und
trug sie vorsichtig in seinen Händen. In der Menge
Mensch wurde er hin- und her gestoßen und verlor

die Splitter, bis er ein letztes größeres Stück in Fingern hielt.

Mühsam bahnte er sich einen Weg durch die Masse. Schließlich wurde er niedergestoßen, der Splitter entglitt seinen Händen. Bevor jemand darauf treten konnte, hob ein Kind den Splitter auf und sah hindurch.

„Ein Regenbogen!", rief es aus und lachte.

Elias kam wieder auf die Beine. Das Kind reichte ihm den Splitter, der wieder zu einem pulsierenden Herzen gewachsen war.

„Paß besser darauf auf!", sagte das Kind.

„Das werde ich!" versprach Elias.

Er setzte das Herz wieder in seine Brust und verwahrte es gut darin auf.

Nur bei besonderen Menschen, holte er es hervor und zeigte es ihnen.

Liebe

Der Mann lag still da, wagte kaum zu atmen – aus Angst, das kostbare Bild könnte sich in Wohlgefallen auflösen. Er konnte sich nicht satt sehen an dem schlanken hellen Körper neben ihm, an den langen dunklen Haaren, dem herrlichen Busen und den langen Beinen. Er schloss die Augen und atmete tief ihren Geruch ein, nachdem er sich so lange gesehnt hatte. Mit dem Geruch kamen die Erinnerungen an das damals.

Die Frau erhob sich in einer fließenden Bewegung und glitt auf den Balkon zu. Wind griff mit Vorhängen nach ihr. Sie spürte deutlich den Blick des Mannes auf ihrem Rücken. Auf dem kleinen Balkon blieb sie stehen und sah sich um.

Sie konnte hören, wie der Mann aufstand und hinter sie trat.

Langsam legte er die Arme um sie und zog sie an sich heran. Sie lehnte sich zurück, ihren Kopf an seiner Schulter. Kuss. Küsse. Langsam und leidenschaftlich. Unter ihnen lag die Stadt, das rötliche Licht des Sonnenunterganges durchflutete die Gassen und Straßen.

„Endlich habe ich Dich wieder, meine Liebe!", flüsterte er „Zehn Jahre war ich wie tot. Erst jetzt lebe ich wieder!"

„Ich habe nie aufgehört Dich zu lieben! Jeden Tag habe ich an Dich gedacht!"

„Zehn Jahre! So nah beieinander und doch so weit entfernt!"

Er deutete auf die Insel vor der Küste. Die Bergspitzen verschwanden in der Dämmerung. „Wir segelten sofort hin, als wir unser Dorf brennen sahen. Die Barbaren tanzten vor den Flammen, niemand schien dem Gemetzel entkommen zu sein. Wir drehten ab und ich ließ mich hier nieder. Wer konnte ahnen, dass Du Dich auf die Insel gegenüber retten konntest?"

Er küsste ihren Hals.

„Endlich habe ich Dich wieder! Endlich!"

Sie drehte sich um, gab ihm einen leidenschaftlichen Kuss, ergriff seine Hand und führte ihn in das Zimmer zurück.

Der Mann im Liegestuhl

Ich entdecke den Mann im Liegestuhl an unserem vierten Tag hier in Marseille. Wie die meisten Flüchtlinge aus dem Norden waren wir hier in einer Turnhalle untergebracht worden. Meine Frau und die beiden Kinder gingen an den Strand, während ich versuchte, eine Überfahrt nach Nordafrika zu organisieren. Wir waren nicht die einzigen, die vor den heranrückenden Deutschen nach Nordafrika übersetzen wollten. Überall drängten sich Menschen. Fischer wurden von verzweifelten Menschen angesprochen, um sie gegen Geld überzusetzen. Dabei sah ich die Gier in den Augen der Fischer und die Angst in den Augen der Fragenden und Bittenden.

Wie in den letzten Tagen stand ich auch wieder am Kai und beobachtete die Kutter, die reiche Flüchtlinge hinaus aufs Meer brachten. Geschichten machten die Runde, dass die Zigeuner unter den Fischern nur Flüchtlinge mitnahmen, um sie auf hoher See umzubringen und dann zurückzukehren, um die nächsten aufzunehmen. Gerüchte über deutsche U-Boote kursierten, die nur auf hoher See auf die Flüchtlingsboote warten würden, um sie zu versenken.

Geschichten, Gerüchte.

Marseille brodelte vor Menschen und ihren Geschichten. Die Cafés waren überfüllt von Menschen, die nach einem Ausweg suchten. Unter den Geflüchteten waren viele Juden Es kursierten wilde Geschichten über Lager, in denen die Juden von den Deutschen untergebracht wurden, um sie zu internieren oder nach Afrika zu verschiffen.

In Paris hatte ich als Ingenieur gearbeitet und war an der Planung und Ausführung von mehreren großen Gebäuden im Stadtzentrum beteiligt gewesen. 1936 war ich mit Rahel, meiner Frau, aus Bordeaux nach Paris gezogen. Die beiden Kinder waren noch klein gewesen. Francois war jetzt 7 und Sara 5. Mit staunenden Augen hatten sie uns dabei beobachtet, wie wir in aller Eile die wichtigsten Sachen in den Wagen packten. Meine Frau war Jüdin, und wir waren wie viele andere Franzosen Hals über Kopf vor den heranstürmenden Deutschen geflohen. Meine Eltern waren vor Jahren gestorben, ihre wohnten in Algier, wohin wir zu kommen hofften. In den Kolonien sollten wir vor den Deutschen sicher sein. Laut den letzten Berichten standen die deutschen Panzertruppen nur wenige Kilometer vor Paris. Es war mühsam gewesen, sich mit dem Wagen durch die verstopften Straßen zu kämpfen. Seit Tagen hatte ich schon Benzinkanister gehortet, so dass wir zwei Tage fahren konnten ohne tanken zu müssen. Zweimal mussten wir aus dem Wagen raus und in einem Straßengraben Deckung suchen, als deutsche Flugzeuge erschienen. Sie flogen tief über die Kolonne entlang, wohl eher, um uns Angst zu machen, als um auf uns zu schießen. Unsere Kinder spielten am Strand. Franois schoss den Ball hoch in die Luft und er rollte bis zu einem Mann im Liegestuhl. Dieser bückte sich, hob den Ball auf und warf ihn Francois zu. Ich trat zu ihm. Er war groß und schlank und trug eine helle Hose und ein weites helles Hemd mit hochgerollten Ärmeln. Seine Haare waren an den Schläfen ergraut, er hatte große klare Augen und ein männlich markantes Gesicht.

„Danke für den Ball!", meinte ich.

Er nickte. Ich drehte mich um und spielte weiter mit den Kindern. Am späten Nachmittag verließen wir den Strand und gingen über die Uferstraße. Hier waren kleine Cafés mit klangvollen Namen wie *Riviera, Casablanca, Café del Mondo* oder *Hollywood*. Überall saßen Menschen davor. Andere hockten auf niedrigen Mauern oder auf dem Boden. Kellner huschten zwischen den Menschen und brachten Getränke und kassierten sogleich ab.

In den Straßen hinter der Uferpromenade waren die Cafés kleiner, schmutziger, ebenso die Menschen, die sie umgaben. Wir mussten fast einen Kilometer gehen, bis wir an die Turnhalle kamen, in der wir untergebracht waren.

Das Abendessen bestand aus einer einfachen Suppe mit Brot. Wir setzten uns zu den anderen an die langen Tische in einer Ecke der Turnhalle und aßen.

Die Kinder ließen ihre Beine baumeln und neckten sich.

Fast wie im Urlaub.

An der einen Seite des Tisches saß ein junges Paar. Die Frau weinte und der Mann versuchte sie zu trösten. Sie redeten von der Wohnung, die sie zurückgelassen hatten, den Freunden, Hunden und Katzen.

Während ich ihnen lauschte, kam es mir vor, als wäre das alles Hundert Jahre entfernt. Versuchte meine Gedanken an das Gestern zu vertreiben. Es machten keinen Sinn, in der Vergangenheit zu leben. Das hier, die Turnhalle, die Suppe, meine Familie, das war Realität. Die Deutschen waren Realität.

Später brachten wir die Kinder zu Bett. Wir schliefen in einer Ecke der Turnhalle auf vier

Armeeliegen. Sie waren unbequem, aber meine Frau hatte sie mit den mitgebrachten Decken bequem gemacht. Überhaupt war Rahel ein Fels in der Brandung für ich gewesen. Sie war stark und hielt uns alle zusammen. Sie war beinahe hysterisch gewesen, als ich ihr eröffnete, dass wir Paris verlassen mussten. Dann hatte sie sich rasch gefasst und hatte alle wichtigen Sachen eingepackt. In einen der Koffer hatte ich auch mein Diplom gelegt – falls ich in der Kolonie einen Nachweis meiner Qualifikation benötigte. Jetzt beschäftigte und sie Frage: Wie hinkommen?

Rahel und ich setzten uns an den Tisch und betrachteten die alte Karte, die ich mitgebracht hatte. Die Route von Marseille nach Algier war mit roten Strichen angedeutet. Wir folgten den Strichen mit dem Finger nach. So nah und doch so fern! Rahel deutete auf einen Ort unweit von Algier.

Boumerdes

„Hier leben meine Eltern!", sagte Rahel. „Ich habe gestern versucht ihnen ein Telegramm zu schicken, aber das Amt war hoffnungslos überfüllt."

„Ich war gestern noch mal am Flughafen und habe mich nach Maschinen erkundigt, die uns nach Nordafrika bringen können. Die wenigen Tickets sind unbezahlbar, die Wartelisten sind ellenlang. Es gibt einige Privatflieger, aber die bringen nur die Reichen hinüber.

Wir können uns das niemals leisten. Auch nur die Kinder übersetzen zu lassen ist zu teuer. Wir müssen wohl mit einem Schiff übersetzen. Am Hafen sprach ich mit mehreren Beamten. Selbst mit Bestechung dauert es noch mindestens 3 Wochen, bis wir ausreisen können." Ich schüttelte mit dem Kopf.

„Ich weiß nicht, wie lange wir das hier noch durchhalten. Unser Geld geht zur Neige. Wann werden die Deutschen hier sein? Sie sind schon in Paris. Hast Du die Nachrichten im Radio gehört? Unsere Armee hat sich aufgelöst, flieht vor den Panzern der Deutschen. Die Engländer haben uns im Stich gelassen. Niemand kann die Deutschen noch aufhalten!"

Rahel nahm meine Hände in ihre und hielt sie an ihr Gesicht. „Was auch kommen mag, Jacques, wir werden es gemeinsam schaffen. Wir gehen gemeinsam nach Nordafrika oder bleiben gemeinsam hier!"

Ich musste lächeln. „Meine kleine Rahel!", sagte ich und küsste sie sanft. „Du bist mein Fels in der Brandung!"

Da lachte sie und küsste mich zurück. Wir redeten über unsere Zeit in Nordafrika und was wir alles machen würden. Ihre Eltern waren alt, vielleicht konnten wir deren Lebensmittelladen übernehmen.

„Etwas zu essen brauchen die Leute immer!", meinte Rahel und malte mir aus, wie wir in dem Laden die Einheimischen bedienen würden. Im Garten würden die Kinder spielen können, das Meer und der Strand wären gut erreichbar. Sie träumte weiter und ich dachte an die Möglichkeit, eine Kabine auf einem der Passagierschiffe zu bekommen. Später legten wir uns schlafen.

Am nächsten Morgen war ich morgens früh aufgestanden, gegen 04:45 und begab mich zur Hafenbehörde. Hier standen in der Morgenkälte schon Dutzende von Menschen. Wichtig aussehende Polizisten und Beamte zwängten sich durch die Wartenden und betraten das Gelände durch ein Tor, das sich hinter jedem der Passierenden schloss. Ein Beamter mit dicker Mappe erschien gegen 07:00 und ließ die Wartenden einzeln vortreten. Ein anderer saß hinter einem Tisch unweit des Tores. Die Menschen traten einzeln heran, zeigten ihm ihren Ausweis und brachten ihr Anliegen vor. Alle wollten an Bord eines Schiffes hinausfahren oder mit einem Flugzeug ausfliegen. Er notierte sich die Namen der Leute, ihre jetzige Adresse und versprach, sich um Plätze auf Schiffen zu kümmern. Die nächsten freien Plätze wären erst in vier Wochen zu erwarten. Endlich war ich dran, legte meine und unsere Papiere vor. Er notierte sich meinen Namen, den Namen meiner Frau und der beiden Kinder. Als er mir den Paß zurückgab, sah er mir nur auf die Krawatte, nicht in die Augen.

„In vier Wochen werden wohl Plätze auf den Schiffen frei werden, Monsieur Leclerc. Abhängig von der Situation. Wir haben Ihren Namen notiert. Melden Sie sich in 3 Wochen noch einmal bei uns!"

Ratlos stand ich vor ihm. Er sah an mir vorbei zum nächsten. Ich drehte mich um und ging zum Tor, der nächste trat an den Tisch, seinen Hut in den Händen.

Auf dem Weg zurück kaufte ich in einer kleinen Bäckerei Brot. Dabei zählte ich mein Geld. Es ging rasch zur Neige. Noch vier Wochen würden wir nicht auskommen. Mehrere Menschen bettelten mich unterwegs an. Achselzuckend und bedauernd ließ ich sie stehen. Ich hatte mal Machiavelli gelesen und seine Sicht der Dinge damals nicht verstanden. Jetzt verstand ich es besser. Der Mensch zeigt sein wahres Antlitz, wenn es um seine nackte Existenz geht. Die Decke der Zivilisation ist dünn.

Unwillkürlich ging ich zur Promenade hinunter. Menschen hatten an der niedrigen Mauer oder auf den Bänken übernachtet.

Ein Kind weinte irgendwo. Wohl vor Hunger.

Nach kargen dem Frühstück gingen wir zum Strand. Der Mann von gestern, der den Ball meines Sohnes aufgehoben hatte, saß an der gleichen Stelle wie gestern. Er trug einen einfachen hellen Anzug und sah auf das Meer hinaus. Entspannt sah er aus, anders als all die anderen Menschen um ihn herum. Er interessierte mich. Die Kinder gingen mit Rahel an das Wasser. Es war noch frisch, aber die Sonne begann den Sand und die Herzen zu wärmen.

„Entschuldigen Sie!", sprach ich den Mann an. „Sie sind uns gestern schon aufgefallen!"

Der Mann sah auf zu mir und hob fragend die Augenbraue.

„Ich habe mich noch nicht vorgestellt. Mein Name ist Leclerc."

Der Mann lächelte.

„Donatelli!" stellte er sich vor.

Wir reichten uns die Hand.

„Ihre Familie!"

Er wies mit einem Nicken auf Rahel und die beiden Kinder. Es war mehr eine Feststellung als eine Frage. Ich nickte.

„Woher stammen Sie? Dem Akzent nach aus Paris!"

Ich bejahte.

„Wir sind wie die anderen geflohen. Jetzt suchen wir eine sichere Überfahrt nach Nordafrika. Dort leben die Eltern meiner Frau."

„Damit sieht es schlecht aus!", sagte er und lächelte. „Alle wollen nur weg von hier."

„Und woher kommen Sie?"

Donatelli wies auf die Stadt hinter sich.

„Ich bin von hier, wuchs unweit von hier auf."

„Und was machen Sie jetzt? Wollen Sie auch nach Nordafrika übersetzen?"

Er sah mich an und überlegte kurz.

„Ich habe es nicht eilig," sagte er. „Ich habe viel von der Welt gesehen und bin jetzt wieder hier gelandet. Mal sehen!"

„Wo waren Sie denn überall?"

Er überlegte. Meine Kinder und Rahel kamen. Ich stellte Sie Herrn Donatelli vor. Donatelli erhob sich aus seinem Sessel, um meiner Frau die Hand zu geben. Dabei bemerkte ich erst, wie groß er war, mindestens 1,90 Meter.

„Die Kinder wollen am Strand entlanggehen!", sagte Rahel. „Kommst Du mit?"

Ich nickte.

„Sehr erfreut, Ihre Bekanntschaft gemacht zu haben, Monsieur Donatelli!"

„Ebenso!", meinte er und ließ sich wieder auf dem Liegestuhl nieder.

Wir gingen am Strand spazieren und beobachteten die Schiffe. Viele anderen Menschen spazierten ebenfalls am Strand entlang. Was wollten sie auch anderes tun? An einem Kiosk prangten die Zeitungen mit den Siegesmeldungen der Deutschen. Paris war gefallen, ihre Panzertruppen drangen Richtung Süden vor. Rahel las die Zeilen und sah mich ängstlich an.

„Wir müssen unbedingt von hier fliehen!"

Ich beruhigte sie und wir gingen weiter. Auf einem Spielplatz hielten wir an. Die Kinder wollten unbedingt schaukeln. Sie setzten uns zu einem anderen Pärchen auf die Bank. Schnell drehte sich das Gespräch um den Krieg, die Angst vor den Deutschen. Auch sie waren Flüchtlinge, auch aus der Nähe von Paris. Auch sie wollten hinüber nach Nordafrika. Und wie wir hatten sie kaum Hoffnung. Der Mann legte seinen Arm um die Frau, als sie leise zu weinen begann. Seltsamerweise berührten mich Ihre Tränen nicht. Etwas hatte sich in mir verändert, meine Einstellung zu anderen Menschen hatte sich verändert. Mein Onkel Gustave hatte im ersten Weltkrieg gekämpft und er hatte mir von den endlosen Tagen im Graben erzählt. Als ich klein war, berichtete er davon wie von einem Abenteuer. Eines Tages, als ich 16 und er betrunken bei uns auf der Couch saß, berichtete er mir voller Entsetzen über die ganzen Leichenberge, neben denen er seine Suppe gegessen hatte. Teilnahmslos, abgestumpft. Ihm war der Tod allgegenwärtig gewesen und er hatte ihn umarmt.

„Nur wer den Tod liebt, kann ihm auch entkommen!", hatte er besoffen gestammelt.

„Die Kameraden waren mir egal. Hauptsache ich habe eine Schlacht überlebt, einen weiteren Tag überstanden!"

Damals hatte ich seine Haltung nicht verstanden. Jetzt, auf der Flucht mit der Familie, Angst vor den herankommenden Deutschen und wenig Hoffnung auf Rettung verstand ich ihn besser. Er hatte sich wenig später nach unserem Gespräch in der Scheune aufgehängt.

Wir kehrten zur Promenade zurück. Ich trug Sara, die müde war. Sie hatte ihre Arme um meinen Hals geschlungen und schlief. Wir kehrten zur Turnhalle zurück, wo ich Sara auf ihr Bett legte. Rahel und Francois blieben bei ihr, ich ging hinunter zum Strand. Monsieur Donatelli lag mit geschlossenen Augen in seinem Liegestuhl, die Sonne im Gesicht. Ich ging an ihm vorbei und verdeckte kurz die Sonne. Er öffnete die Augen und sah mich an. „Ich habe die Sonne genossen!", sagte er. „Sonst bleiben mir wenige Freuden!"

„Sie sagten mir, dass sie viele Länder gesehen hätten!", begann ich. Er richtete sich im Liegestuhl auf.

„Warum interessieren Sie sich so für mich und mein Leben?"

Ich lächelte.

„Wir haben viel Zeit, und hier passiert wenig Interessantes!"

Donatelli lächelte. „Das stimmt auch wieder, Monsieur…"

„Leclerc!"

„Ah … oui."

Er atmete tief ein und erhob sich dann.

„Ich muss jetzt gehen!", erklärte er und nahm seinen Liegestuhl, den er zusammenklappte.

„Vielleicht sehen wir uns morgen!", meinte ich

Er nickte, packte seinen Liegestuhl und ging davon.

Am Abend lag ich lange wach und überdachte unsere Lage. Langsam stieg die Hoffnungslosigkeit in mir auf, die ich nur mühsam unterdrücken konnte. Rahel war an meiner Seite schon eingeschlafen. Ich beobachtete ihr Gesicht im Schlaf. Sara und Francois schliefen ebenfalls. Sie atmeten ruhig.

Was sollte, konnte ich tun, wenn das Geld alle wäre? Könnten wir hier in der Notunterkunft bleiben oder würden wir auch am Strand schlafen müssen? Würde ich stehlen müssen, damit sie was zu essen kriegen würden? Gar jemanden umbringen? Ich wusste es nicht. Angst erfüllte mich, eine kalte Hand umschloss mein Herz. Ich fühlte sich unwohl, konnte mich nur mit Mühe und Not aus dem Abgrund der schlechten Gedanken befreien. Irgendwann dämmerte ich weg, schlief ein.

Am nächsten Tag war ich wieder am Hafen und beobachtete die ablegenden Schiffe. An einem Tor wurden die Tickets zweifach geprüft. Verzweifelte Menschen kletterten über das Gitter und liefen auf das Schiff zu, nur um von Polizisten eingefangen und niedergeknüppelt zu werden. Schreie, Bitten, Geld wurde den Reisenden für Ihre Plätze angeboten. Die wenigen Glücklichen gingen durch das Tor und hasteten zum Schiff, weg von den verzweifelten Blicken und flehenden Rufen. Nur weg von hier. Ich beobachtete die Reisenden und die Menschen, die nicht auf das Schiff kamen. Die *Adelaide* war ein Frachter. Statt der Ladung wurden Menschen in deren Bauch zusammengepfercht. Wahrscheinlich machte der Reeder einen großen Gewinn mit dem Elend der Verzweifelten. Die Tickets wurden für das zwanzig bis fünfzigfache des Wertes verkauft worden. Und viele hatten auch noch mehr geboten, nur um zu entkommen. Nur ich hatte nicht das Geld dafür.

Niedergeschlagen wandte ich mich ab und kehrte zur Promenade zurück. Donatelli saß wie zuvor in seinem Liegestuhl an der üblichen Stelle. Er trank Wein aus einer Flasche und beobachtete das Treiben der anderen um ihn herum.

Ich begrüßte ihn, er nickte. Ich blieb einige Momente neben seinem Liegestuhl stehen, ohne dass wir uns unterhielten und ging dann zu meiner Familie in der Unterkunft. Rahel sah mich an, ich zuckte mit den Achseln. Sie wandte sich ab und beschäftigte sich mit den Kindern. Nach einer Suppe als Mittagessen gingen wir wieder spazieren. Mit Francois spielte ich Fußball. Wir machten unseren Spaziergang und kamen wieder an den Spielplatz wie gestern. Wir setzten uns auf die gleiche Bank und hielten nach dem Ehepaar Ausschau. Eine ältere Frau, die gestern auf der Bank neben uns gesessen hatte, trat zu uns.

„Entschuldigung, dass ich Sie anspreche. Sie haben sich gestern länger mit den Faloviers unterhalten!"

Ich nickte.

„Haben Sie Sie heute gesehen?"

Die ältere Frau senkte den Blick.

„Er hat seine Frau und seine Kinder umgebracht und sich dann im Zimmer aufgehängt! Heute Morgen fand man ihre Leichen! Die Nachricht ist durch die Nachbarschaft wie ein Lauffeuer gegangen. Haben Sie es noch nicht gehört?"

Sie verneinten. Rahel begann zu schluchzen und verbarg ihr Gesicht in den Händen. Ich legte meine Arme um sie und versuchte sie zu trösten. Die ältere Frau murmelte einige Worte und ging davon.

Die Kinder spielten und lachten, Rahel weinte. Ich fühlte mich merkwürdig, weit entfernt von dem was mich umgab. Mich berührte das Schicksal der Faloviers nicht. Ich nahm es zur Kenntnis. Kurz blitzte die Erkenntnis in mir auf: vier weniger, die uns Plätze auf einem Schiff streitig machen können. Die kalte Überlegung erschreckte mich.

Als Rahel sich wieder beruhigt hatte, küsste ich sie sanft. Das erwartete sie auch von mir. Sie trocknete ihre verweinten Augen. Sarah lief zu ihr und Rahel lächelte sie an.

Wir kehrten zur Uferpromenade zurück. Viele gingen vom Strand langsam Richtung Uferpromenade und ihren Unterkünften.

Donatelli war noch da. Ich konnte nicht sagen, was es war aber etwas zog mich zu diesem Mann, den ich gar nicht kannte. Wie zufällig schlenderte ich den Strand entlang und blieb bei ihm stehen. Kurze Begrüßung.

„Wie war ihr Tag?", fragte er mich.

Ich berichtete ihm vom Tod der Faloviers. Er zuckte mit den Schultern.

„Das ist hier nicht selten!"

„Darf ich fragen, was Sie beruflich machen?", brach es aus mir heraus.

Er lächelte mich an.

„Ich habe bislang ganz gut von einer Frau gelebt, falls sie das interessiert!"

Er sah meinen erstaunten Blick und musste lachen.

„Ja, ich habe hier in Marseille vor Jahren eine reiche amerikanische Witwe kennengelernt, die mich mit sich nach Kalifornien nahm."

„Und was machen Sie dann hier? Wo ist diese Frau?"

„Wir haben hier den Urlaub verbracht. Als die Deutschen einmarschiert sind, hat sie das amerikanische Konsulat aufgesucht. Sie wurde wohl ausgeflogen. Für mich war da kein Platz. Sie hinterließ mir Geld. Ich habe ihr telegraphiert, in welchem Hotel ich untergebracht bin, damit sie mir weiteres Geld schicken kann!"

„Deswegen sind sie so gelassen!"

Er lächelte.

„Ich habe mir sofort zu Beginn eine Karte auf einem Schiff gekauft, das mich nach Nordafrika bringen wird. Es geht in einigen Tagen ab."

„Sie Glücklicher!" Ich seufzte. „Ich wünschte ich könnte mit meiner Familie übersetzen. Meine Frau hat Familie dort und wir finden keine Möglichkeit. Das nächste Schiff, das wir nehmen können – falls es überhaupt kommt – wird erst in vier Wochen erwartet. Wir sind verdammt hier zu warten!"

Donatelli überlegte kurz. Dann erhob er sich.

„Seien Sie und ihre Familie heute mein Gast!", sagte er und wies auf ein großes Hotel an der Promenade. „Ich bin hier im *Esplandide* abgestiegen. Kommen Sie bitte gegen 19:00 Uhr in das Restaurant des *Esplandide*. Ich werde auf Sie warten!"

Er packte seinen Liegestuhl und ging.

Ich sah ihm kurz nach und ging dann zur Unterkunft.

19:00 Uhr standen wir vor dem *Esplandide*. Es stammte aus der Zeit des *Fin de Siécle* und hatte schon bessere Zeiten gesehen, war aber noch immer eine der besten Adressen hier am Platz. Ein Mann in roter Livree öffnete uns die Tür. Wir traten in die Lobby und schienen in einer anderen Welt zu sein. Sessel mit dunklem Leder, niedrige Stühle, dazwischen hohe Blumenkübel. Menschen in teurer Kleidung standen hier, unterhielten sich. Es schien so, als wäre der Krieg und das Leid draußen ausgesperrt.

Monsieur Donatelli in gutem Anzug trat auf uns zu. Ich schämte mich sogleich für meinen einfachen Anzug. Rahel hatte ihr gutes Kleid angezogen, die anderen Frauen trugen meist teure Modellkleider. Monsieur Donatelli begrüßte uns und auch Francois und Sara. Er begleitete uns in das Restaurant. Wir nahmen an einem großen Tisch Platz und ein Kellner trat heran. Monsieur Donatelli erkundigte sich nach unseren Wünschen und bestellte dann sachkundig. Das Essen wurde aufgefahren. Die Kinder machten große Augen, als sie die Mengen an verschiedenen Speisen sahen, die aufgetragen wurden. Es waren meist kleine Köstlichkeiten, die man uns vorsetzte. Wir aßen und die Kinder probierten alles Mögliche. Monsieur Donatelli lachte als Francois Kaviar ausprobierte und das Gesicht verzog. Ich reichte ihm ein Taschentuch, in das er den Kaviar spucken konnte.

Rahel saß links neben Monsieur Donatelli. Sie erkundigte sich nach seinem Leben, wo er geboren wurde.

„Ich bin hier in der Nähe aufgewachsen. Wir stammen aus Italien. Mein Großvater kam nach Marseille als Seemann, um hier eine Stelle auf einem Schiff zu bekommen. Dann wurde er schwer krank und musste an Land bleiben. Er heiratete die junge Frau, die ihn in der Herberge gepflegt hatte, und blieb hier vor Ort. Er arbeitete als Zimmermann, wie auch später mein Vater. Ich wollte raus aus dem Handwerk und fing als Page beim Hotel *Excelsior* an, einem der ersten Adressen der Stadt. Hier stiegen die Reichen und Berühmten ab. Viele Amerikaner, Stars von der Leinwand, Fürsten und Könige. Ich hielt ihnen allen die Tür auf und fuhr sie zu den Stockwerken, in die sie wollten. Das tat ich mehrere Jahre. Ich beobachtete die Leute und bemerkte, dass bei vielen von Ihnen das gute Benehmen nur aufgesetzt war. Die Neureichen benahmen sich anders, sobald sie im Lift waren oder den Lift wieder verlassen hatten. Ihre Sprache wurde einfach, vulgär. Mehr als eine der gelangweilten Millionärsgattinnen machte mir Avancen. Manchmal ging ich nach der Arbeit zu ihnen und vertrieb ihnen die Zeit. Ihre Männer spielten am Tisch oder besuchten die lokalen Bordelle. Sie müssen meine Offenheit verzeihen, aber sie haben gefragt!" Er trank mein weiteres Glas Rotwein und bestellte eine neue Flasche.

„Eines Tages stieg Gwendoline im *Esplandide* ab, ich meine Miss Wainwright. Ihr Mann war zwanzig Jahre älter als sie gewesen als sie heirateten, und er war anständig genug gewesen, im Wagen mit seiner Geliebten tödlich zu verunglücken. So hinterließ er seiner lebenslustigen Witwe ein großes Vermögen aus dem Ölgeschäft. Ich fuhr sie mehrmals im Lift. Eines Tages verlor sie im Lift einen Handschuh. Ich weiß bis heute nicht ob absichtlich oder zufällig. Auf alle Fälle brachte ich ihr den Handschuh. Sie war eine gut gebaute Frau, blond, bisschen üppig. Sie öffnete mir in einem weiten Sommerkleid die Tür und bedankte sich für den Handschuh. Ich sollte ihr noch die Champagnerflasche öffnen, sie bot mir ein Glas an, wir tranken zusammen. Dann ging ich zurück an meinen Platz im Lift Ein paar Tage später rief sie mich erneut, nach meiner Schicht. Wir tranken wieder Champagner. Wir saßen nebeneinander auf dem Balkon und schauten hinaus auf das weite Meer. Sie berichtete mir, dass sie gerne die Welt bereiste und wo sie schon überall war. Sie wollte demnächst nach Indien, Indochina und Indonesien. Der Ferne Osten hatte mich auch immer fasziniert. Einer meiner

Onkel war in Indochina als Kolonialbeamter gewesen. Er hatte mir immer von der Schönheit des Landes und der Frauen berichtet. Davon wollte ich mich auch einmal selbst überzeugen. Ich teilte ihr das mit. Sie überlegte kurz und meinte dann, dass sie mich mitnehmen würde.

Ich kündigte und begleitete sie fortan auf der Weltreise. Wir besuchten nicht nur Indien, Indochina und Indonesien, sondern auch Australien, Neuseeland, Japan. Wir kamen uns rasch näher und ich trug nicht nur ihre Koffer, sondern wir ..." Er schaute zu meinen Kindern hinüber und raunte mir zu „wir liebten uns am Strand in Neuseeland, keine Menschenseele weit und breit. Es war herrlich."

„Wie lange dauerte die Weltreise!"

„Mehr als 1 Jahr."

Er schwieg und genoss unsere Aufmerksamkeit.

„Heim in Kalifornien blieb ich bei ihr, als Butler, Bediensteter, Liebhaber. Ich begleitete sie auf Feste und zu Veranstaltungen. Sie liebte Museen und gab viel Geld für schöne Dinge aus. Wir bereisten Südamerika, schauten uns die Staaten aus dem Zug an, jagten in Kanada. Es war phantastisch!"

Seine Augen leuchteten.

„Wir waren auch öfters in Europa. Dann besuchten wir auch Paris und Marseille und ich besuchte hier meine Familie. Mit den Jahren sind wir weniger gereist und haben mehr in Kalifornien gelebt."

Er seufzte.

„Und jetzt ist Gwendoline auf dem Weg nach Amerika. Vielleicht hat sie einen anderen gefunden, der sie begleitet!"

Sein Lächeln erstarb.

Wir brachten das Gespräch auf andere Dinge, auf den Sommer im Landhaus in der Nähe von Paris und die Möglichkeit, die Sommertage unter kühlen weitausladenden Obstbäumen zu verbringen. Er hörte uns zu und ich hatte das Gefühl, dass er die Kühle unter den dichten Ästen fast spüren konnte. Donatelli entspannte sich und schloss kurz die Augen.

„Das muss auch sehr schön sein!", meinte er.

Er berichtete von witzigen Ereignissen während den Reisen um die Welt. Wie die Koffer am Nil beinahe von einem Krokodil aufgefressen wurden, wie sie einen Fakir in Indien besuchten, der auf einem Nagelbrett schlief, von den Kirschblüten Japans und den vielen Schafen auf Neuseeland und den Aborigines, die sie in Australien angetroffen hatten. Donatelli erzählte gerne und malte Bilder in unseren Köpfen. Wir hörten ihm gerne zu. Auch die Kinder hörten auf zu essen und zu spielen und hörten ihm zu. Ab und zu fragte eines der Kinder etwas. Er ging bereitwillig auf ihre Fragen ein.

Als ich wieder auf die Uhr sah, war es nach 21 Uhr. Mit dem Hinweis, dass die Kinder ins Bett mussten, verabschiedeten wir uns von ihm. Wir bedankten uns noch einmal für die Einladung und für den tollen Abend. Er winkte den Kellner heran und bestellte noch eine Flasche Rotwein. Satt und zufrieden schlenderten wir zu unserem Nachtquartier zurück. Die Kinder waren vergnügt und erzählten die Geschichten von Herrn Donatelli nach. Sie malten sich aus wie es wäre, in einer Rikscha gefahren zu werden oder auf dem Rücken eines Elefanten einem Tiger zu begegnen.

Rahel und ich lagen noch einige Zeit wach und unterhielten uns flüsternd.

Am nächsten Tag hatten wir keine Zeit zum Strand zu gehen. Wir mussten uns alle in einer Liste auf dem Magistrat eintragen. Dort wurden alle Flüchtlinge erfasst. Damit niemand falsche Angaben machte mussten alle persönlich erscheinen. Anhand der Angaben erhielten die Familien Essensmarken, die sie in den Märkten gegen Lebensmittel eintauschen konnten.

Am übernächsten Tag waren wir wieder am Strand. Wie immer saß Herr Donatelli in seinem Liegestuhl. Er unterhielt sich mit uns und den Kindern und gab beiden Geld für ein Eis. Während die beiden Kinder davon gingen, wandte er sich an mich.

„Wo leben die Eltern Ihrer Frau nochmal, Monsieur Leclerc?"

„Bei Boumerdes!"

„Ah, stimmt. Sie erwähnte es im Gespräch. Wie sieht es aus mit einer Überfahrt?"

„Erst einmal keine Möglichkeit. Wir müssen einfach warten und uns gedulden. Die Deutschen halten sich noch zurück, aber ihre Panzerkolonnen werden auch bald hier sein!"

„Das wird noch dauern!", meinte er. „Seien Sie bitte heute Abend wieder meine Gäste!"

„Das ist mir sehr unangenehm, Monsieur Donatelli!", meinte ich. „Sie geben so viel Geld für uns aus und ich kann mich nicht revanchieren!"

„Darüber machen Sie sich mal keine Gedanken. Solange ich noch Geld habe, ist alles gut. Außerdem genieße ich die Gespräche mit Ihnen, Ihrer Frau und den Kindern!" Er lächelte. Das dunkle Gesicht leuchtete auf. Die Augen sprühten. Das hatte bestimmt seine amerikanische Freundin überzeugt, ihn mitzunehmen.

Amerika! Unerreichbar für uns. Wir kamen noch nicht mal über das Mittelmeer nach Nordafrika! Genauso gut hätten wir auch sagen können, dass wir zum Mond fliegen wollen!

„Also heute Abend um acht Uhr im Hotel!"

Wir verabschiedeten uns und gingen zurück. In der Unterkunft sprach uns eine der Damen an, die uns betreute. Sie meinte, dass für die Kinder in der Nachbarhalle eine Schule eingerichtet werden würde. Dort würde man auf die Kinder aufpassen und die Eltern könnten tagsüber Ihren Geschäften nachgehen. Wir dankten ihr und teilten es den beiden mit. Die Kinder waren wenig begeistert.

Um 20:00 Uhr fanden wir uns wieder im Hotel ein. Wie zuvor wurden wir mit ausgesuchter Höflichkeit empfangen und in das Restaurant geführt.

Donatelli war gut gestimmt, vor ihm stand eine halbe Flasche Rotwein. Uns begrüßte er wie alte Bekannte, gab meiner Frau einen angedeuteten Handkuss. Er war gut gekleidet, dunkler Anzug, dunkelrote Krawatte. Seine Haare hatte er mit viel Haarwasser gebändigt. Seine Augen leuchteten. Er winkte den Ober heran und wir bestellten.

„Für uns Austern!", sagte er zum Kellner. „Als Vorspeise!"

„Mai oui, excusez-moi, Monsieur. Aber wir haben keine frischen Austern geliefert bekommen. Die Fischer verdienen mehr Geld mit dem Transport von Menschen, Monsieur!"

Donatelli schüttelte langsam den Kopf. „Wenn es keine Austern mehr gibt, dann ist das ein schlechtes Zeichen!" Er lachte. „Mit Champagner und Kaviar soll die Welt untergehen!"

Wir konnten uns den Grund seiner Heiterkeit nicht erklären. Er fischte aus seiner Jacke ein Schreiben und zeigte uns den Umschlag. „Das hier ist ein Schreiben von Gwendoline. Sie schickt mir Geld und teilt mir mit, dass Sie mich hier mit einem Flugzeug abholen kommt. Sie kann nur noch nicht genau sagen, wann das sein wird. Es soll aber schnell geschehen. Ich soll hier einfach auf sie warten! Daher, mein Lieber Monsieur Leclerc, liebe Madame Leclerc ...", er holte einen weiteren Umschlag aus seiner Jacke, ... „ist hier die Bordkarte für die *Osiris*, die in drei Tagen Marseille Richtung Algier verlassen wird. Und sie vier können meine Kabine haben!"

Er lächelte und reichte mir die Karte. Rahel war sprachlos. Dann begannen sich ihre Augen mit Tränen zu füllen und sie schluchzte und hielt sich die Hände vors Gesicht. Ich wusste nicht, was ich sagen sollte. Ich wollte Donatelli danken und gleichzeitig Rahel trösten. Donatelli nickte zu Rahel und ich nahm sie in die Arme. Wir lachten und weinten gleichzeitig. Die Kinder wussten nicht, was vorging und wollten in die Arme genommen werden. Ich dankte Donatelli, Rahel umschlang seinen Hals und lachte und weinte.

Die wenigen anderen Gäste und die Kellner waren irritiert. Ein Kellner erkundigte sich vorsichtig, ob alles in Ordnung sei. Rahel wandte ihm ihr tränenüberströmtes Gesicht zu, lächelte und meinte: „Alles gut!"

Ich begutachtete die Bordkarte. Sie war für eine große Kabine auf dem Schiff *Osiris* im Außenbereich ausgestellt worden. Genug Platz für uns alle vier! Abfahrt in drei Tagen um 09:00 Uhr. Ich dankte Donatelli erneut. Er winkte ab und hob sein Glas.

„Trinken wir auf Ihre Zukunft!"

Wir stießen mit ihm an, die Kinder sahen uns mit großen Augen zu. Donatelli war den ganzen Abend über gut aufgelegt und berichtete von den Ländern, die er zusammen mit Gwendoline bereist hatte. Die Kinder lauschten Geschichten über indische Fakire, chinesische Händler, indonesische Kopfjäger, …

Spät am Abend kehrten wir in unsere Unterkunft zurück. Müde und zufrieden legten wir uns schlafen. Das kostbare Ticket steckte ich in meine Brieftasche, die ich in den Bezug meines Kopfkissens steckte. Die Kinder schliefen sofort ein. Rahel wollte mit mir über die Reise reden, aber ich legte den Finger auf den Mund und wies auf die anderen Schlafenden um uns herum. Niemand durfte von dem Ticket erfahren. Wir wären sonst unseres Lebens nicht mehr sicher gewesen. Unsere Betten befanden sich in einer Ecke der Halle. Ich beobachtete die anderen Menschen und wartete auf eine Bewegung. Als nichts geschah, schlief auch ich schließlich ein.

Am Morgen erwachten wir früh. Ich prüfte die Brieftasche, drehte mich zur Wand und begutachtete das Bordticket, das für uns Freiheit und Überleben bedeutete. Vor allem für die beiden Kinder! Sie sollten nicht als Unterdrückte aufwachsen! Da regte sich mein französischer Stolz.

Heute war Monsieur Donatelli wieder an seinem üblichen Platz. Rahel bedankte sich noch einmal bei ihm, allerdings so leise, dass es die anderen nicht verstehen konnten.

Donatelli hob abwehrend die Hand.

„Alles gut. Ich helfe Ihnen gerne, und ich bin ja auch gut versorgt!"

Rahel, die Kinder und ich gingen am Strand spazieren. Für die Kinder kauften wir in einem Laden Süßigkeiten. Einige Bereiche des Geschäftes waren leer. Es kam kein Nachschub mehr.

„Die Menschen kaufen, was wie brauchen. Süßigkeiten sind nicht auf der Liste. Da haben Sie Glück!"

Mit diesen Worten reichte die Frau unseren Kindern jeweils eine Tafel Schokolade. Die Kinder waren begeistert und begannen sie aufzumachen.

Auf dem Bürgersteig vor dem Geschäft brachen Sie Stücke von der Schokolade ab und aßen. Kinder in der Nähe sahen ihnen dabei zu. Rahel wies auf die Kinder, ging noch einmal in den Laden, kaufte zwei Tafeln, trat wieder auf den Bürgersteig. Sie öffnete die Schokoladentafeln, brach sie in kleine Stücke und winkte die Kinder heran. Zögernd kamen sie zu Rahel, die sich hinkniete und den Kindern die Schokolade hinhielt. Begeistert begannen die Kinder von der Schokolade zu nehmen. Ihre Gesichter leuchteten auf, als sie die herrliche Süße in ihren Mündern spürten. Sie lachten und dankten artig. Weitere Kinder kamen hinzu. Dann waren die Schokoladenstückchen alle, einige bekamen nichts mehr ab. Unsere Kinder mussten mit ihnen ihre Schokolade teilen. Widerwillig taten sie es.

Wir gingen weiter. Menschen, viele Menschen, bevölkerten die Straßen. In den Gassen sah man zerlumpte Kinder mit müden Augen. Bettler kamen uns entgegen. Zigeunerinnen wollten uns aus der Hand lesen und bedrängten uns. Wir hatten große Mühen, sie loszuwerden.

Gesprächsfetzen, Gesichter dazwischen, hastige Bewegungen. Es wurde mir zu viel und wir drehten um. Auf der anderen Straßenseite gingen wir zurück zum Strand. Wie magnetisch gingen wir zum Strand. Donatelli war nicht da. Sein Liegestuhl fehlte. Wir sahen uns um, konnten ihn nirgends entdecken.

Wir gingen weiter.

Am Nachmittag gingen wir zum Hafen, wo mehrere Frachter auf ihre menschliche Ladung warteten. Ich drückte Rahel wortlos an mich. Menschen um uns herum sollten nicht ahnen, dass wir zu den wenigen Glücklichen mit einem Ticket zählten. Sonst hätte man es uns sicherlich gestohlen. In der Not offenbart der Mensch seine wahre Gestalt.

Wir gingen am Hafen spazieren. Soldaten und Polizisten blockierten den Bereich des Hafens mit den bereitliegenden Frachtern. Durch die engen Tore drängten sich die Menschen. Nachdem ihre Pässe und Tickets kontrolliert worden waren durften sie zu den Frachtern. Sie stiegen die Laufstege hinauf. An der Reling reihten sich die Menschen und blickten auf die Stadt zurück.

Ich war so nahe an den Zaun herangetreten, dass ich die Schiffe und die Menschen deutlich sehen konnte. Rahel stand neben mir, vor uns die Kinder. Wir hatten beschlossen, den Kindern nichts von der bevorstehenden Reise zu erzählen da sie es ansonsten unbesonnen ausplaudern könnten. Das würde uns alle in Gefahr bringen.

Wir blieben so lange am Zaun stehen. Irgendwann endete der Strom der Passagiere für den bereitliegenden Frachter. Menschen an den Toren riefen, schrien, bettelten die Polizisten und Soldaten an. Aus den Schornsteinen stieg schwarzer Rauch auf. Die Laufwege wurden hochgezogen, alle Taue eingeholt.

Schwerfällig legte der Frachter ab. Einige der Menschen an der Reling winkten. Niemand erwiderte ihr Winken.

Wir gingen zurück zu unserem Strand. Donatelli war noch nicht zurückgekehrt.

„Ob er krank ist?", fragte Rahel. „Sollen wir uns erkundigen?"

Ich winkte ab. „Er wird schon seine Gründe haben, dass er nicht da ist!"

Den Rest des Tages verbrachten wir am Strand und in der Unterkunft. Ohne dass es auffiel packte Rahel die Sachen zusammen. Wir hatten einen kleinen Spind mit Schloss. Darin verstauten wir unsere Habseligkeiten.

Wir legten uns im Bewusstsein schlafen, dass wir bald Marseille hinter uns lassen würden. So ruhig wie in dieser Nacht hatte ich lange nicht mehr geschlafen.

Am nächsten Morgen nach dem Frühstück mussten die Kinder zum ersten Mal in die Schule. Um keinen Verdacht zu erregen, schickten wir sie in den Raum mit den anderen Kindern.

Rahel und ich gingen später zum Strand. Donatelli saß in seinem Liegestuhl. Neben ihm stand eine Flasche Absinth, daneben zwei Gläser.

„Guten Morgen!" begrüßten wir ihn. „Wir haben Sie gestern nicht mehr gesehen und uns schon Sorgen gemacht, ob Sie krank wären!"

Donatelli wehrte ab.

„Alles gut. Habe ja meine Medizin bei mir!"

Er deutete auf die Flasche. „Hatte Probleme mit dem Magen! Das sind manchmal die Nerven!", meinte er dann leise.

„Wie sieht es aus mit Gwendoline?", fragte Rahel.

Er wandte ihr das Gesicht zu. „Alles bestens. Ich erwarte täglich weitere Nachrichten von ihr. Schon bald werde ich ebenfalls hier weg sein."

„Das freut mich für Sie!", meinte ich. Kurz schaute ich mich um und beugte mich dann zu ihm hinunter. „Vielen Danke noch einmal, wegen des Tickets! Sie können sich gar nicht ausmalen, was das für ein Glück für uns bedeutet! Die Kinder werden frei aufwachsen. Das ist das Allerwichtigste!"

Er nickte nur. Offensichtlich war ihm mein Dank unangenehm. Er nahm die Flasche und goss Absinth in die beiden Gläser. Eines reichte er mir, das andere nahm er.

Wir stießen an. „Auf Sie!", sagte ich.

„Auf die Kinder!", meinte Donatelli. „Ich wollte immer Kinder haben, aber Gwendoline… konnte keine bekommen!"

Rahel legte ihm die Hand auf die Schulter. „Sie wären bestimmt ein guter Vater geworden!"

Donatelli nickte langsam.

„Sicherlich. Ein alternder Gigolo ..."

Er lachte auf. Einige Leute sahen zu uns hinüber.

„Da hätte ich meinen Kindern viel bieten können! Ein Leben auf den Kosten meiner Geliebten!"

Anscheinend hatte Donatelli schon mehr getrunken als es den Anschein hatte. Die Flasche Absinth war halbleer.

„Können wir…!" begann ich.

Donatelli winkte ab. „Alles in Ordnung. Manchmal habe ich solche Tage, wo ich tief in mir selbst bin. Mich in mir suhle wie ein Schwein im Dreck!"

Er trank das Glas aus, füllte und leerte es. Füllte…

Rahel schaute mich an. Ich zuckte mit den Schultern. Donatelli musste es bemerkt haben. Er sah zu uns auf.

„Ich würde sie gerne heute noch einmal einladen. Als Abschiedsgeschenk sozusagen! 19 Uhr im Hotel!"

Wir beide nickten, zögerten – und ließen ihn schließlich alleine. Ich blieb stehen und sah zurück. Donatelli saß im Stuhl, aufgerichtet und starrte hinaus auf das Meer.

Am Abend waren wir pünktlich um 19 Uhr im Hotel. Wir gingen sofort ins Restaurant. Donatelli saß am Tisch, eine Flasche Absinth neben dem Weinglas. Er stand auf, wackelig und begrüßte uns. Er begann zu stolpern und ich half ihm, sich hinzusetzen. Wir bestellten schweigend beim üblichen Kellner. Er brachte rasch die Vorspeisen und wir aßen. Donatelli schien nicht reden zu wollen und beantwortete unsere Fragen und Aussagen kurz angebunden. Er trank viel. Die Kinder sahen ihn an und sahen uns dann fragend an. Wir schüttelten langsam die Köpfe und sahen Donatelli an. Er aß wenig, trank viel. Als die Absinth Flasche leer war wollte er eine neue bestellen. Er hob seinen

Arm. Ich saß neben ihm und legte ihm die Hand auf den Arm und drückte ihn langsam runter.

„Ich denke Sie haben genug, Monsieur Donatelli!", meinte ich leise.

Er sah mich mit verschwommenem Blick an.

„Lassen Sie mich los, Monsieur Leclerc!"

Er schüttelte sich los.

„Sie haben was sie wollten, Monsieur Leclerc."

Er stierte auf die Flasche Absinth, hielt sie am unteren Bereich fest.

„Sie haben, was sie wollten, ich nehme jetzt, was ich will!"

Rahel sah mich an und schüttelte langsam den Kopf.

„Monsieur Donatelli, wir sind Ihnen sehr dankbar. Wir werden Ihnen immer dankbar sein. Sie müssen auf sich aufpassen, Monsieur Donatelli. Sie können hier im Hotel bleiben, bis Ihre Gwendoline Sie nach Amerika holen kann. Das wird bald geschehen. Da sind wir uns sicher.

Er stierte mich an.

Er wand seine Hand los und rief den Kellner, der ihm eine weitere Flasche Absinth brachte.

„Ich denke Sie sollten bald gehen, Mr. Leclerc! Machen Sie sich keine Sorgen um mich! Ich weiss, was ich tue. Sie haben, was sie wollten, jetzt habe ich das, was ich will!"

Er blieb sprachlos. Rahel und ich sahen uns an. Wir aßen rasch zuende, bedankten uns bei ihm und standen auf. Er hatte zwei große Gläser Absinth getrunken und sah auf die Tischdecke hinab. Rahel dankte ihm noch einmal. Mit den Kindern gingen wir aus dem Restaurant.

Früh am nächsten Morgen um 05:00 Uhr standen wir auf. Leise, um niemanden zu wecken, packten wir alle Sachen, weckten die Kinder im letzten Moment und bedeuteten ihnen, ganz leise zu sein. Wir gingen an den Schlafenden vorbei zu den Türen. Sie waren wie üblich abgeschlossen. Wir schlossen auf und gingen leise hinaus. Draußen war es frisch. Wir beluden rasch den Wagen und fuhren zum Hafen. Hier stellten wir den Wagen ab. Ich legte den Wagenschlüssel mit den Papieren auf den Fahrersitz. Wir trugen unsere Gepäckstücke bis zu den Toren. Soldaten und Polizisten standen herum, achteten auf Ruhe und dass die Leute in der Reihe blieben. Hier standen schon Menschen in Schlange. Wir stellten uns an. Die Kinder fragten uns was wir hier machen würden. Sie waren müde, Sara rieb sich die Augen und hielt ihre Puppe fest. Francois sah sich alles staunend an. Wir kamen langsam vorwärts. Ich trug einen Brustbeutel, direkt am Körper. Hier war die Bordkarte sicher verstaut. Als wir vor dem Tisch mit den Polizisten standen holte ich die Bordkarte aus der Brusttasche und reichte sie ihm gemeinsam mit den Pässen. Der Polizist prüfte die Bordkarte und die Pässe, stempelte das heutige Datum ein und reichte mir alles.

Das Tor.

Ich sah nach oben und besah mir die Stange mit dem Schild „Quai 3."

Hindurch.

Eine unendliche Freude erfüllte mich. Ich drückte Rahel und die Kinder. Rahel lachte und weinte und drückte die Kinder eng an sich. Ich umarmte alle. Wir lachten und weinten. Die Kinder wunderten sich.

Wir folgten den anderen Menschen zu dem großen Schiff. An der Seite prangte *Osiris*. Was für ein herrlicher Name! Ägypten! Da wollte ich immer schon mal hin. Jetzt würden wir vielleicht die Möglichkeit dazu haben.

Wir stiegen über das Fallreep nach oben. Ein Steward hakte die Namen ab. Wir reichten ihm die Bordkarte. Er strich Donatellis Name auf der Liste durch und trug unseren ein. Er nannte uns den Weg, den wir nehmen mussten. Die Kabine war *groß* genug für uns vier und gut eingerichtet. Nach den Liegen in der Notunterkunft war das hier ein Luxus. Wir verstauten unsere Koffer und untersuchten die Einrichtungen. Das kleine Badezimmer, die herunterklappbaren Betten.

Wir verließen die Kabine, schlossen ab und drängten uns durch die Neuankömmlinge an das Heck des Schiffes. Wir sahen an der Seite die Wartenden an den Toren. Vor uns lag die Stadt, die langsam erwachte. Es war noch frisch, wenngleich die Wärme des Tages sich langsam ausbreitete. Wir beobachteten die Menschen, die sie Straßen bevölkerten. Wir bemerkten die Fahrzeuge, achteten auf Kleinigkeiten. Deuteten auf Gebäude, Fahrzeuge, Menschen, alles, was uns auffiel. Wir wollten noch so viel von der Stadt und Frankreich aufnehmen, wie wir konnten, bevor wir ablegten. Wir wussten nicht, wann wir wieder zurückkehren würden. Ob wir überhaupt noch einmal zurückkehren könnten. Vielleicht würden wir auch den Rest unseres Lebens in Algerien leben müssen. Schrecklicher Gedanke! Rahel hatte mir von der Diaspora der Juden nach dem Schleifen des Tempels in Jerusalem berichtet. Die Juden hatten das Land verlassen und waren überall in der Welt versprengt worden. Seit fast 2.000 Jahren sehnten sie sich nach ihrer Heimat, wollten zurück.

Jetzt verstand ich sie.

Die Kinder waren unruhig. Sara musste auf Toilette. Rahel ging mit ihr. Francois und ich blieben an der Reling zurück.

„Wieso verlassen wir jetzt Marseille?", fragte er mich. „Was ist mit Monsieur Donatelli? Kommt er mit uns mit?"

„Er hat uns die Karte gegeben. Jetzt fahren wir nach Algerien. Dann sehen wir Rahels Eltern wieder!" Sie hatten uns zweimal in Paris besucht.

„Was wird mit Herrn Donatelli?"

„Ich weiß es nicht, mein Sohn. Er wird wohl mit einem Flugzeug ausgeflogen werden."

Ich sah wieder zur Stadt hinüber. Der Mann neben uns an der Reling hatte ein Fernglas. Ich bat ihn, es mir kurz zu geben. Ich sah hinüber zu den Bereichen, wo ich wusste, dass der Strand mit dem Platz, wo Donatelli seinen Liegestuhl aufbaute, sein musste. Die Gebäude versperrten die Sicht. Wahrscheinlich würde er in zwei Stunden seinen Liegestuhl zum Strand tragen und sich hinsetzen. Und dort würde er wieder den Tag verbringen. Nachdem was er gestern getrunken hatte, würde er wohl ausschlafen und später an den Strand kommen.

Rahel und Sara kamen zurück. Mehr und mehr Menschen umgaben uns, wollten einen Blick auf die Stadt werfen. Als es den Kindern langweilig wurde ging Rahel mit ihnen zur Kabine zurück. Ich blieb an der Reling. Gegen 09:00 Uhr ertönte ein lautes Tuten, mehrmals hintereinander. Wir beobachteten wie die Seile, mit denen das Schiff am Kai vertäut gewesen war, losgemacht und eingezogen wurden.

Menschen an Bord begannen zu winken. Einige Menschen hinter dem Tor winkten zurück. Um mich herum riefen die Menschen Abschiedsworte, andere blickten nur stumm auf die Menschen und die Stadt.

Langsam legte das Schiff ab. Ich sah auf die Armbanduhr. 09:05 Uhr. Ich sah zum Bereich der Stadt hinüber, wo der Strand sein musste. Sah förmlich Donatelli mit dem Liegestuhl auftauchen und sich dort an seiner üblichen Stelle hinsetzen. Ich stellte mir vor, wie Donatelli die Flasche Wein neben sich in den Sand setzte und die Wärme der Sonne auf seinem Gesicht genoss. Ich sah sein männlich markantes Gesicht mit den dunklen Augen vor mir. Gerne hätte ich mich persönlich noch einmal von ihm verabschiedet.

Als das Schiff ablegte und der Spalt Wasser zwischen dem Kai und dem Schiff laufend größer wurde, begann ich zu winken.

„Danke! Danke!", rief ich mehrmals. Einige Umstehende sahen mich an.

Ich blieb an der Reling stehen, bis ich die Häuser nicht mehr erkennen konnte, dann ging ich zur Kabine.

Nach drei Tagen langsamer Fahrt kamen wir in Algier an. Es war ein unglaubliches Chaos an der Landestelle. Hinter der Gangway saßen Polizisten und Zivilbeamte an Tischen, die unsere Pässe abstempelten. Dahinter gab es einen Bereich mit hohem Zaun. An den Toren drängten die Polizisten die Einheimischen zurück. Ich steckte unsere Pässe ein, verstaute sie in dem Brustbeutel, wandte mich vom Zaun ab und packte ihn tief unter mein Unterhemd. Viele willfährige Menschen wollten unser Gepäck tragen, boten uns alle möglichen Dienstleistungen und Hilfe an, Getränke und Essen wurde uns ins Gesicht gedrückt. Endlich kämpften wir uns frei. Die Menschen sahen, dass wir nichts kaufen oder haben wollten, und sie wandten sich den nächsten Passagieren zu, die das Tor passierten.

Als wir endlich das Haus der Eltern erreichten, fielen wir uns alle weinend in die Arme. Sie drückten Rahel, lachten und weinten. Dann drückten sie auch mich und lange die Kinder. Wir trugen die Sachen ins Haus. Am Abend feierten wir unsere Rettung. Wir berichteten von Donatelli und stießen auf ihn an.

In den nächsten Jahren arbeitete ich für das Kolonialamt. Wir bauten Straßen, Häuser, verlegten Gleise. Mein Leben erstreckte sich zwischen dem Büro und meiner Familie. Wir wohnten in einem Haus neben Rahels Eltern. Die Kinder gingen in die örtliche Schule und passten sich den Gegebenheiten an. Wir hatten französische und algerische Bekannte. Ich machte keinen Unterschied zwischen Franzosen und Algeriern. Andere schon.

Rahel und ich dachten öfters an Donatelli.
„Er wird es schon geschafft haben!", beruhigte ich Rahel. „Seine Gwendoline wird ihn schon zu sich geholt haben. Er ist ein toller Kerl!"

1946
Ich hatte Briefe mit meinem alten Ingenieurbüro in Paris ausgetauscht. Sie wollten, dass ich zurückkehrte. Lange besprach ich mich mit Rahel darüber. Wir einigten uns darauf, dass ich erst

einmal vorausfahren sollte und mich dann melden würde, um ihr mitzuteilen, wie es vor Ort aussah.

Das Schiff legte in Marseille an. Ich stieg das Fallreep hinab, betrat den Boden, den wir 6 Jahre zuvor so freudig und auch mit klopfenden Herzen verlassen hatten. Der gleiche Drahtzaun, und augenscheinlich die gleichen Polizisten stempelten meinen Pass ab.

Ich schlenderte durch die Stadt, meinen Koffer in der Hand, einen Rucksack umgeschnallt. So erreichte ich den Strand, wo Monsieur Donatelli so gerne gesessen hatte. Hatte ihn schon gehofft, dort sitzen zu sehen. Hätte ihn freudig begrüßt und ihm noch einmal für die Bordkarte gedankt. Hatte mir schon eine entsprechende Rede zurechtgelegt.

Er war nicht da.

Hotel Esplandide

Ich besuchte das Hotel, zwei Fenster waren zugemauert.

Ich betrat das Foyer und wandte mich an den Mann an der Rezeption.

„Bonjour, Monsieur, ja bitte?", wandte sich der Mann mir zu. „Wie kann ich Ihnen helfen?"

Er zog das große Buch mit den Zimmereintragungen zu sich heran.

„Bonjour. Mein Name ist Leclerc. Ich habe eine Frage. 1940 war ich hier im Hotel mehrmals mit einem Herrn Namens Donatelli zusammengetroffen. Könnten sie mir bitte sagen, was aus ihm geworden ist?"

„Es tut mir leid, Monsieur Leclerc. Ich arbeite erst seit einem Jahr hier. Ich werde einen der Kollegen fragen. Einen Moment bitte!"

Ich trat von der Rezeption zurück und wartete. Der junge Mann kam wenig später mit einem Herrn mittleren Alters zurück. Der junge Mann deutete auf mich und der Mann trat auf mich zu.

„Monsieur Leclerc? Mein Name ist Duboise." Wir schüttelten uns die Hände. „Sie haben eine Frage wegen eines Gastes!"

„Ja, wie ich ihrem Kollegen auch schon sagte. Wir waren im Mai 1940 hier in Marseille untergebracht. Als Flüchtlinge in einer Notunterkunft. Wir haben damals einen Herrn namens Donatelli kennengelernt, der hier im Hotel residierte. Er hatte die Angewohnheit, jeden Tag mit einem Liegestuhl zum Strand zu gehen. So haben wir ihn überhaupt kennengelernt. Können Sie mir sagen, was aus ihm geworden ist?"

Duboise dachte nach.

„Ich erinnere mich. Damals arbeitete ich im Lagerbereich, kümmerte mich um die Waren. Ja, der Name sagt mir was. Monsieur Donatelli war immer freundlich zu allen. Ich sehe ihn noch mit dem Liegestuhl aus dem Hotel gehen und erst zum Mittagessen oder erst zum Abendessen zurückkommen!"

„Ja genau. Das wird er sein!"

„Ich kann mal nachschauen!"

Duboise ging hinter die Rezeption und kehrte wenig später mit einem großen dicken schwarzen Buch zurück. Er legte es auf die Rezeption und blätterte darin herum. Schließlich deutete er auf einen Punkt.

„Hier. 27. Juni 1940. Herr Donatelli hat unser Hotel verlassen. Keine Nachfolgeadresse angegeben." Er sah zu mir auf. „Wir wissen nicht, was aus ihm geworden ist!"

Ich dankte ihm und verließ das Hotel. Langsam machte ich mich auf zum Bahnhof und kaufte eine Fahrkarte nach Paris.

Ich hoffte, dass Gwendoline ihn abgeholt hatte. Oftmals hatte ich mir überlegt, dass er uns die Karte geschenkt hatte und seine Geschichte mit Gwendolines Flugzeug nur eine Erfindung war, damit wir die Karte annahmen.

Wir haben es niemals erfahren.

Barnabas

Was ist mit der Menge los? Wieso schreien sie meinen Namen?

Diese verdammte Sonne … kann nicht klar sehen.

Kein Wunder, nach all den Tagen im Verlies!

Nur mühsam erkenne ich die römische Kröte, die vor mir auf dem Thron hockt, fett von unserer Hände Arbeit.

Und wer ist das neben mir?

Er trägt eine Dornenkrone über dem blutigen Gesicht und ein zerlumptes Gewand. Dabei hat er die Haltung eines Königs. Was hat er verbrochen, um so behandelt zu werden? Er muss ein Verbrecher sein. Vielleicht einer der Aufrührer?

Sein Gesicht – so ruhig und gelassen.

Seine Augen

Seine Augen…

Ich wende den Blick ab und sehe zur Menge vor den Stufen des Palastes.

Die Menschen rufen meinen Namen, ihre Worte rollen wie Donner über uns hinweg. Gestern hätte mich ein jeder von ihnen eigenhändig aufgeknüpft, stahl ich doch aus ihren Töpfen. In ihren Häusern war mein Name ein Schimpfwort.

Und nun wollen sie mich frei sehen und diesen Armen gekreuzigt.

Seine Augen…

Voller Liebe

Voller Liebe für die da unten, die Rufenden und ihm wütend drohenden Menschen.

Welches Verbrechen wirft man ihm vor? Hörte die Wächter sagen, dass sie den König der Juden feiern würden. Dabei hatten sie gelacht.

Der König der Juden

Verschmäht vom eigenen Volk

Pilatus lässt sich Wasser bringen und wäscht seine Hände.

Der alte Heuchler! Gestern ließ er noch 50 von ihnen auspeitschen, weil sie ihre Steuern nicht bezahlt hatten – wovon auch? – und heute huldigen sie ihm!

Was...

Pilatus hat die Hände erhoben und deutet auf mich.

Sie zerren mich vom Podest und nehmen mir die Fesseln ab.

Alleine bleibt ER auf dem Podest stehen, ruhig, ohne Angst.

Seine Augen...

Die Masse nimmt mich auf und trägt mich davon.

Der Junge

Der Junge stand am Fenster und sah hinaus. Dort standen mehrere Bäume, die jetzt zur Frühlingszeit nur wenige Blätter trugen. Ein Vogel flog heran und setzte sich auf einen Ast. Er hatte dunkles Gefieder und eine helle Brust. Deutlich sah der Junge, wie der Vogel das Gefieder säuberte.

Ein Geräusch.

Der Vogel drehte seinen Kopf in alle Richtungen und er hatte das Gefühl, als würde der Vogel ihn direkt anschauen. Der Vogel öffnet den Schnabel und begann zu singen. Der Junge vermeinte, den Gesang des Vogels in seinem Herzen hören zu können.

Laute Stimmen

Der Vogel unterbrach seinen Gesang und breitete die Flügel aus. Mehrmals schlug er mit den Flügeln und erhob sich in die Luft. Der Junge beobachtete den Vogel wie er die Bäume umkreiste hoch am Himmel verschwand.

Ein lautes Krachen

Der Junge drehte sich um und sah über dem zusammengesunkenen Körper der Mutter seinen Vater stehen – wie schon öfters. Der Vater sah ihn an, schrie ihm Worte entgegen und kam mit erhobenen Fäusten auf ihn zu.

Der Junge schloss die Augen und dachte an das schöne Gefieder des Vogels und seinen eleganten Flug.

Dann lächelte er.

Die Wand

Mein Finger liegt auf der Klingel. Ich atme tief ein, überwinde mich und drücke den Knopf. Es klingelt im Inneren. Musik dringt durch die Tür zu mir. Der Gastgeber öffnet die Tür. Er wirkt überrascht. Vielleicht hatte er auch vergessen, mich eingeladen zu haben. Er begrüßt mich fahrig und winkt mich herein. Hallo! Schön, dass Sie da sind! – Mantel an überfüllter Garderobe aufhängen. – Da lang! Er begleitet mich in das Wohnzimmer. Hier sind schon zahlreiche Leute, in Gruppen, unterhalten sich. In der einen Ecke ist ein Buffet aufgebaut. Einige haben Teller mit Essen in Händen.

Kurzes gezwungenes Gespräch mit dem Gastgeber. Sehe, wie er eine Handbewegung macht. Seine Frau erscheint und entschuldigt ihn mit den Worten, dass er dringend in der Küche gebraucht wird. Geheucheltes Interesse. Ab.

Ich begebe mich ans Buffet, fülle den Teller mit Garnelen und anderem Fingerfood. Stelle mich zwischen zwei Gruppen damit ich nicht ganz so verloren aussehe und esse langsam. Wer isst muss nicht sprechen. Eine Frau will vorbei und lächelt mich kurz an, Geste zum Buffet. Nicke, lächle und trete beiseite.

Die Leute unterhalten sich über Börsenkurse, Urlaube in Abu Dhabi, neue Autos, nichts davon betrifft mich. Schließlich ist mein Teller leer. Denke daran, noch ein paar Kleinigkeiten drauf zu packen, damit ich keinen leeren Teller in Händen halte. Es gibt für mich nichts Trostloseres als ein leerer Teller, den ein Gast krampfhaft in Händen hält. Darüber ein leeres Gesicht.

Die eine Gruppe bewegt sich auf mich zu, weiche zurück zur Wand. Sie ist hart und kühl in meinem Rücken. Drücke mich dagegen. Plötzlich wird die Wand weich. Bewege mich zurück. Die Wand nimmt mich langsam auf. Bewege den Kopf und kann sehen, wie er in der Wand verschwindet. So als würde ich unter Wasser tauchen, bis ich vollständig in der Wand bin. Sehe alles durch einen leichten Schleier. Kann alle sehen, nur niemand scheint mich zu bemerken. Keiner schaut zu mir, versucht mich zu berühren. Bleibe so. Die Party geht weiter. Ich warte schließlich ab was geschieht. Später versuche ich aus der Wand herauszutreten - vergeblich. Schließlich endet die Feier, Die Leute gehen nacheinander. Bis schließlich nur noch die Gastgeber da sind.

„Bin froh, dass die Fete vorbei ist. Die meisten habe ich nur eingeladen, weil es sein muss, für die Karriere."

„Sogar Mrusek war da. Der langweilige Typ aus der Buchhaltung! "

„Hatte schon vergessen, dass er da war. Wusste im ersten Augenblick gar nicht mehr, dass ich ihn eingeladen hatte! Er stand bei Leuten, die ich einlud und aus Anstand lud ich ihn auch ein. Wann ist er eigentlich gegangen?"

„Weiss nicht, habe ihn nicht darauf geachtet! "

„Das ist immer so bei ihm. Keiner bemerkt ihn. Du kannst neben ihm stehen und Du bemerkst ihn nicht!

Und jetzt beobachtete ich sie und sie bemerkten mich wieder nicht.

„Räumen wir auf! "

Sie brachten das Geschirr weg, räumten das Buffet ab und trugen die Schüssel und Teller und

Besteck in die Küche. Sie schoben das Mobiliar wieder an Ort und Stelle, vor mir wurde die Couch zum Fernseher ausgerichtet.

Sie schalteten das Licht aus.

Wollte mich aus der Wand bewegen. Konnte es nicht. Also blieb ich stehen und wartete ab.

Am Morgen kamen die beiden wieder. Licht an. Anziehen.

Hatte weder Hunger noch Durst. Die beiden gingen, ich blieb.

Am Abend kamen die beiden wieder, setzten sich vor den Fernseher, unterhielten sich. Und ich stand hinter ihnen.

So ging es Tag ein und Tag aus.

Nach einigen Tagen trat der Mann nahe an mich heran. Er trug Hammer und Nagel, setzte den Nagel an meiner Stirn an und trieb ihn in die Wand und meine Stirn, hängte das große Bild vor mein Gesicht. Konnte nichts mehr sehen.

Versuchte mich zu bewegen. Mein Körper glitt nach links und rechts; es schien, als wäre mein Kopf vom Nagel festgehalten.

Nachdem sie am Morgen das Haus verlassen hatten, begann ich mich wieder zu bewegen. Drückte mich nach links, dann schnell und heftig nach rechts. Schließlich riss etwas in meiner Stirn und ich kam frei.

Bewegte mich durch die Wand. Erreichte das Fenster. Schob meine Hand vor. Sie verließ die Laibung. Konnte die Finger sehen als ich den Arm beugte. Drängte meinen Körper durch die Wand. Trat hinaus, stand frei im Wohnzimmer. Bewegte

Arme und Beine, betrachtete meine Hände und Finger als würde ich sie zum ersten Mal wahrnehmen. Drehte mich um. Alles drängte gegen meine Augen.

Schritt durch den Raum, öffnete die Tür zur Terrasse und trat in den Gartenbereich. Genoss das Gras unter meinen Schuhen.

Atmete tief die Luft ein. Am Ende des Gartens war ein niedriges Tor. Ich öffnete es und trat hindurch und ging weiter ... immer weiter

Der Soldat

Das große Töten hatte schließlich aufgehört.

Die Vögel blieben still, als am Waldrand ein Soldat erschien. Er war groß und trug den Krieg in seinen Augen. Achtlos ließ er seine Waffe fallen und folgte dem Pfad, der zu einem kleinen Ort am Rande des Flusses führte. Die Morgensonne hatte den Nebel vom Flussufer gewaschen. Es würde ein warmer schöner Tag werden.

Auf einer kleinen Brücke blieb er stehen, lehnte sich schwer an das Geländer und sah hinab ins klare Wasser, beobachtete die Fische. Ein kleiner Junge hatte unweit von ihm am Ufer gesessen und geangelt. Als er den Soldaten bemerkte, schrie er kurz auf, ließ seine Angel fallen und lief durch das Uferschilf zum Weg, der zu den Häusern führte. Vor einer der Hütten hatte eine Frau Wäsche aufgehängt. Der Junge war zu ihr gelaufen, deutete auf den Soldaten. Beide traten schnell ins Haus.

Der Soldat überquerte die Brücke und folgte dem Weg in den Ort. Erntegeräte standen am Rand der Felder bereit, Wagen sollten die Heuernte einfahren. Wo waren die Männer, die das Heu auf die Wagen werfen sollten? Er sah nicht zurück, setzte Fuß vor Fuß.

Zwischen den ersten Häusern blieb er schwer atmend stehen, tupfte auf den roten Punkt an seiner Brust. Türen schlugen, Fenster wurden verschlossen. Direkt neben ihm konnte er durch das Fenster eine Frau sehen, dann wurde das Fenster geschlossen.

Müde wandte der Soldat den Kopf und genoß die Wärme der Sonne auf seinen Wangen.

Hinter den ersten weiter auseinander stehenden Hütten erhoben sich mehrere Scheunen. Hier schirrten einige Frauen Pferde vor einem Wagen an. Die Frauen verharrten, als sie den Soldaten sahen und folgten ihm mit ihren Blicken.

Auf dem Marktplatz blieb der Soldat stehen. Schwere Blicke streiften die Häuser und die aufgebauten Marktstände. Er wandte sich um und setzte sich schwerfällig auf eine Bank vor einer Gaststätte. Der Wirt erschien. Er stellte die Stühle von den Tischen. Als er den Soldaten sah hielt er kurz inne, dann stellte er auch die restlichen Stühle hinunter. Er sah kurz auf das rote Brusttuch des Soldaten, der Bier bestellte.

Wenig später stellte ihm der Wirt einen großen Krug hin und wischte die anderen Tische ab. Kinder erschienen auf dem Weg zur Schule. Sie lachten und spielten Fangen. Als sie den Soldaten sahen, hielten sie inne und hasteten vorbei.

Frauen erschienen auf dem Weg zu den Marktständen. Sie trugen bunte Tücher, weite Röcke, die beim Gehen raschelten. Sie beobachteten verstohlen den Soldaten. Als er sie ansah, wandten sie ihre Blicke ab und hasteten zu den Marktständen.

Drei Männer erschienen an der anderen Seite der Veranda und begrüßten lautstark den Wirt. Sie sahen kurz zum Soldaten hinüber, dann setzten sie sich an den entferntesten Tisch und bestellten Bier. Der Soldat hob kurz die Hand, der Wirt nickte. Wenig später erschien er mit vier Krügen. Drei stellte er vor die Männer auf den Tisch, einen stellte er vor dem Soldaten und nahm den leeren Krug wieder mit.

Die beiden Männer unterhielten sich leise über die neuesten Nachrichten. Der ältere meinte, dass der Krieg vorbei und gewonnen sei. Dabei sah er verstohlen zu dem Soldaten, der ruhig sein Bier trank und die Marktstände beobachtete.

Die Sonne schien vom Zenit, die Frauen eilten von den Einkäufen nachhause, um für die Familie zu kochen. Die Kinder kamen von der Schule, grüßten den Soldaten kurz, dann liefen sie davon. Der Soldat hob kurz die Hand zum Gruß.

Die beiden Männer waren bereits gegangen. Andere waren gekommen, hatten den Wirt begrüßt, den Soldaten gemustert und sich dann zum Trunk hingesetzt.

Der Wirt trat hinaus, um den leeren Krug des Soldaten nachzuschenken. Er bemerkte das rote Halstuch des Soldaten. Der Soldat hatte die Augen geschlossen und lehnte den Hinterkopf gegen die Hauswand. Als der Wirt herantrat, öffnete er seine Augen und sah dem Wirt ins Gesicht.

Der Wirt nickte und füllte den leeren Krug nach. Mit beiden Händen hob der Soldat den Krug und trank. Unsicher stellte er den Krug auf der Tischplatte ab.

Am Abend entzündete der Wirt Lampen auf den Tischen. Nur wenige Männer kamen in die Gaststätte. Der Soldat lehnte mit geschlossenen Augen an der Hauswand. Der Wirt trat langsam hinzu, stellte das Windlicht auf den Tisch und sah das rote Hemd.

Er nahm leise den leeren Krug vom Tisch und trat in die Gaststätte.

Der Soldat schien noch immer zu schlafen.

Nr. 99012137

In bin Nr. 99012137!

Das zumindest steht auf dem kleinen Zettel an meinem linken großen Zeh. Kein Name, keine weiteren persönlichen Daten. Die Leute hier nennen Leute wie mich John Doe. Das klingt persönlicher. Draußen heiße ich nur „Penner." Selbst die Leute, die uns helfen wollen, verachten uns, spucken das Wort „Obdachloser" förmlich aus. Für sie sind wir Hände, die nach Geld betteln oder müde Gesichter, die sich an der Essensausgabe an Ihnen vorbeischieben.

In bin Nr. 99012137!

Das bedeutet, dass ich hier am 21.01.1999 als 37. Person hier eingeliefert wurde. Hier: Das ist das städtische Leichenschauhaus von Los Angeles. Ich teile mir die große hell erleuchtete Neonhalle mit vielen anderen, die wie ich unter hellgrünen Laken aufgereiht nebeneinanderliegen. Außer mir sind noch sechzig Körper hier aufgebahrt. In einer großen Stadt sterben täglich Dutzende von Menschen, durch Schießereien, bei Überfällen, Messerstechereien oder bei Unfällen.

In bin Nr. 99012137!

Wir erfrieren im Winter oder werden im Sommer von Jugendlichen totgeprügelt, saufen uns zu Tode oder begehen Selbstmord. Kaum einer von uns stirbt an Altersschwäche. Niemand beachtet uns im Leben und selbst im Tod werden wir noch ausgesondert. Die meisten anderen werden von ihren Familien beerdigt. Uns wird niemand beim Absenken des Sarges ins Grab beistehen, niemand wird um uns trauern. Und statt eines Namens wird auf dem Grabstein nur eine Nummer stehen: 99012137

Günter Pieper

Günter Pieper lehnte sich an den Rand seines Pools und sah hinauf zu den Fensterreihen unterhalb der Decke. Sie reichten von knapp unterhalb der Decke bis zur Hälfte der Wand. Die Abendsonne schickte ihre Strahlen durch die Fenster und zauberte ein Muster auf der Wand rechts von ihm. Pieper genoss die Wärme des Wassers. Er hatte vor einigen Jahren das Haupthaus durch diesen Anbau erweitern lassen. Die Arbeiter hatten eine Grube ausgehoben, bis zur Unterkante des bestehenden Kellers. Dann hatten sie diesen kleinen Pool eingebaut, 6 x 4 x 2 m und die Mauern hochgezogen. Die Fenster ließen ausreichend Licht hinein. Er langte zum Tablett und hob eines der beiden Sektgläser an seine Lippen. Er trank das Glas halb aus und stellte es zurück. Als er das Geräusch der öffnenden Türen hörte wandte er den Kopf. Eine Frau erschien, Anfang 30 und somit halb so alt wie Pieper, schlank, die blonden Haare hochgesteckt. Sie trug einen Bikini und trug ein kleines Tablett. Sie stellte das Tablett neben die Sektgläser, beugte sich zu Pieper hinab und küsste ihn. Wann glitt sie neben ihn ins Wasser. Sie drückte sich an ihn, schlang ihre Arme um seinen Hals. Pieper bewegte sich mit ihr bis zum Anfang des Pools, wo das Wasser nur 1,6 m tief war, und schlang seine Arme um ihre Hüfte. Sie schob ihm ihre Hüfte entgegen. Er schob ihr Höschen beiseite und begann sein hartes Glied in sie einzuführen. Sie half ihm dabei und begann sich zu bewegen. Pieper war ein kräftiger Mann, mit weißen Haaren, weißen Brusthaaren, aber sein Bauch war noch hart und flach. Die Frau schlang ihre Beine um ihn, nahm ihn tief in sich auf. Sie ritt auf ihm, stöhnte, warf den Kopf zurück. Als er kam warf sie den Kopf zurück und stöhnte laut auf, rieb ihre Hüfte an ihm, nahm ihn tief in sich auf. Erschöpft lehnte sie sich an seine Schulter. Er ksste ihre Haare, ihr Ohr, ihre Wange und dann lange ihre geöffneten Lippen.

„Maria, oh Maria!", flüsterte er und vergrub sein Gesicht in Ihren Haaren.

Sie küsste seine Wange, drückte sich an ihn. So blieben sie einige Minuten, ineinander. Sie genossen die Wärme des Wassers.

Die Tür öffnete sich. Eine junge blonde Frau stand in der Tür.

„Oh, ich wollte nicht stören!", sagte sie und begann die Tür zu schließen.

„Gabriele!", rief der Mann.

Die Frau drückte sich weg von ihm und richtete ihren Bikini.

Die junge Frau an der Tür schloss sie hinter sich. Ihre Schritte entfernten sich.

Pieper sah Maria an.

Sie verzog das Gesicht.

„Deine Kinder werden mich nie akzeptieren! Für sie ist es noch zu früh nach dem Tod ihrer Mutter. Hans-Georg ist eher neutral. Aber Gabriele akzeptiert mich nicht. Sieht mich wohl als … Konkurrentin!"

„Wieso Konkurrentin? Wie kommst Du darauf?

„Sie möchte nicht Deine Zuneigung mit mir teilen!"

Pieper atmete tief ein.

„Sie muss damit klarkommen, dass Du jetzt in meinem Leben bist."

„Das ist nicht so einfach. Für alle! Ich werde mit Gabriele reden!"

„Ich habe auch ein Recht darauf, glücklich zu sein. Nach dem Tod ihrer Mutter war ich niedergeschlagen, fertig, konnte nicht essen, ging nicht zur Arbeit. Ich habe mit treiben lassen. Vergrub mich in unserem Wochenendhaus im Schwarzwald. Da habe ich Dich getroffen!"

Er zog Maria an sich heran und küsste sie.

„Du hast mir wieder Lebensmut gegeben!"

Maria schlang wieder ihre Arme um seinen Hals.

„Du bist das Beste, was mir in meinem Leben begegnet ist!"

Sie küssten sich leidenschaftlich. Nach weiteren zehn Minuten verließen sie den Pool und betraten durch die Tür den Vorraum. Hier war eine Sauna eingebaut, daneben zwei Duschkabinen mit halbdurchsichtigen Türen. Sie nahmen Bademäntel von den Haken neben der Tür und hängten sie an Haken neben den Duschen. Neben den Duschen war ein schmales Regal eingebaut, in dem Handtücher gestapelt waren. Jeder nahm ein Handtuch und begab sich unter die Dusche. Die Handtücher legten sie in eine kleine Ablage oberhalb der Duschköpfe.

Nach dem Duschen uns Abtrocknen zogen sie die Bademäntel an und gingen über die gefliese Treppe nach oben. In der Küche saßen Gabriele und Hans-Georg. Sie hatten sich Abendbrot gemacht und saßen am breiten hellen Küchentisch in der hell eingerichteten Küche, gefliester Boden. Sie hatten sich leise unterhalten. Als Günter und Maria auf der Treppe erschienen unterbrachen beide ihr Gespräch. Hans-Georg grüßte seinen Vater.

„Hallo Maria!", sagte er dann freundlich.

Gabriele schwieg und sah auf ihr Butterbrot.

Günter kam und gab seiner Tochter einen Kuss auf die blonden Locken. Sie sah kurz auf.

„Hallo Maria!", sagte sie.

Dann griff sie nach der Brotscheibe mit Gurkenscheiben und begann zu essen. Sie kaute langsam und ruhig. Sie trank Tee und goss ihrem Vater eine Tasse ein, als er sich an den Tisch setzte. Dann stellte sie die Kanne ab. Maria setzte sich ebenfalls an den Tisch. Sie musste sich selbst eingießen, sagte aber nichts. Günter war das nicht entgangen. Er griff nach der Butter und einer Brotscheibe. Seine Brotscheibe belegte er dick mit Fleischwurst. Er schnitt alles in kleine Stücke und begann zu essen. Maria hatte sich eine kleine Scheibe genommen, darauf Butter und Marmelade dünn verteilt.

Sie aßen schweigend.

„Was ist mit der Reise nach Holland?", erkundigte sich Günter bei Gabriele.

Sie sah kurz von ihrem Teller auf.

„Wir fahren nächste Woche!"

„Weiß Petra schon, ob Sie mitkommen wird?"

„Das weiß sie noch nicht. Aber Stefanie hat zugesagt, mit ihrem Freund!"

„Was ist mit Dir? Kommt Jan mit?"

„Jan hat gesagt, dass er am Freitag noch länger arbeiten muss. Er kommt mit dem eigenen Wagen nach!"

Maria fragte Günter, ob er ihr die Teekanne geben könnte. Hans-Georg war schneller und reichte sie ihr. Sie goss sich den Tee ein und stellte die Kanne in der Mitte des Tisches ab.

Schweigen.

Nach dem Essen stand Günter auf, ließ sich von Maria ihren Teller reichen und brachte ihn zur

Spülmaschine. Gabriele und Hans-Georg blieben sitzen. Günter und Maria gingen die Treppe hinauf ins Schlafzimmer. Günter öffnete die Schranktür und holte ein T-Shirt und Shorts heraus, die er auf das Bett warf. Er begann sich umzuziehen. Maria hatte die Tür hinter sich geschlossen und war stehengeblieben.

„Deine Tochter mag mich nicht. Sie beachtet mich nicht als deine Freundin oder als Mensch!"

Günter hatte den Bademantel abgestreift und das Hemd übergezogen. Gerade begann er die Shorts anzuziehen. Er hielt inne, stand halbnackt da, die Shorts in der Hand.

„Das stimmt nicht. Sie ... „

„Du weißt, dass ich Recht habe!", meinte Maria. Sie ließ die Arme am Körper heranhängen und sah ihn an. Tränen füllten ihre Augen.

„Ich habe mein Leben lang immer auf den Knien verbracht. Die Flucht mit meiner Mutter aus Pommern, den Flugzeugangriff, bei dem meine kleine Schwester starb, der Hunger, die Russen..."

Ihre Stimme erstarb. „Und die Jahre als Magd und Putze bei anderen Leuten, für einen Kanten Brot! Dachte schon, dass es für mich kein Glück gäbe, da traf ich Dich. Ich lernte neue Dinge kennen, hatte keinen Hunger mehr. Fand endlich das Glück, das ich so lange gesucht habe. Und muss feststellen, dass ich wieder in einer Sackgasse angelangt bin."

Ihre Schultern bebten. Sie weinte. Günter trat an sie heran und umarmte sie. Sie legte ihren Kopf an seine Brust. So blieben sie minutenlang stehen. Maria weinte sich leer. Günter brachte sie dazu, sich ins Bett zu legen. Er legte sich neben sie und hielt sie fest. Später schlief sie ein. Günter lag neben ihr im Bett, die Hände hinter dem Kopf verschränkt, starrte hinauf zur Decke. Dann stand er abrupt auf und verließ das Zimmer. Er schloss leise die Tür hinter sich und ging die Treppe hinab. Gabriele und Hans-Georg saßen im Wohnzimmer, sahen sich eine Sendung über Mallorca an. Günter trat an die Couch.

„Gabriele, ich muss Dich sprechen!"

Er ging aus dem Wohnzimmer in die angrenzende Küche und setzte sich an den Tisch, Gabriele nahm ihm gegenüber Platz.

„Ich finde Dein Verhalten Maria gegenüber reichlich unverschämt!" begann er.

Als Gabriele antworten wollte, hob er die Hand. „Jetzt bin ich mal dran. Ich habe Dir und Hans-Georg alle Freiheiten gelassen, vor allem Dir. Und ich erwarte, dass Du die Leute mit Respekt behandelst, die in meiner Nähe sind!"

Gabriele lief rot an.

„Respekt? Unsere Mutter ist kaum ein halbes Jahr tot und Du hast eine neue Frau ins Haus geholt? Ihr schlaft im gleichen Bett wie Du und Mutter früher! Sie drängt sich in unser Leben, spielt sich als Mutterersatz auf! Ich…"

„Das stimmt doch gar nicht!" unterbrach sie Günter. „Maria möchte nur ein Teil der Familie sein. Sie hatte ein schweres Leben und freut sich, mit mir zusammen zu sein. Sie tut mir gut. Sie hat mir in der schweren Zeit nach dem Tod von Annegret geholfen. Ich war ganz unten, hatte mich von dieser Welt weggeschlossen. Und sie hat mich wieder ans Licht zurückgeholt. Dafür bin ich ihr sehr dankbar. Dafür solltest Du ihr auch dankbar sein. Es gab Tage, da hätte ich aufgegeben!"

Gabriele ergriff Günters Hand. „Ich möchte nur, dass Du glücklich bist, Vater. Aber es macht uns irre zu sehen, wie sie Mutters Platz einnimmt."

„Das will und kann sie gar nicht. Annegret wird mich immer begleiten. Bis zum Ende meiner Tage. Aber ich lebe, ich lebe weiter Dank Dir und Hans-Georg und auch Dank Maria. Ich erwarte nicht, dass Du sie Mutter nennst oder so etwas, aber ich erwarte, dass Du sie mit Achtung behandelst. Sie ist die Frau an meiner Seite. So viel Anstand haben wir Euch schon beigebracht!"

Gabriele schwieg. Nach einigen Minuten nickte sie langsam.

„In Ordnung, Vater. Da hast Du völlig recht. Du hast sie ausgewählt, sie ist an Deiner Seite. Daher werde ich sie mit der angemessenen Achtung behandeln. Nicht mehr, nicht weniger!"

„Das ist fair!" Günter stand auf, kam um den Tisch und umarmte seine Tochter. „Danke, meine Kleine!", sagte er, küsste ihre Stirn und verließ die Küche, um wieder nach oben zu gehen. Gabriele blieb noch eine Weile am Tisch sitzen, bevor sie wieder ins Wohnzimmer trat. Hans-Georg hatte auf Sport umgeschaltet.

„Und, was habt ihr besprochen? Ging's mal wieder um Maria?"

„Vater erwartet, dass wir Maria mit mehr Respekt behandeln!"

„Ich habe keine Probleme mit Maria. Du machst ihr das Leben ganz schön schwer. Dabei gibt sie sich doch so viel Mühe. Gib ihr eine Chance! Was hast Du zu verlieren?"

„Es ist für mich schwer, sie neben Vater zu sehen. Das war Mutters Stelle. Es hat mich tief getroffen, sie zu verlieren. Und dass Vater so früh wieder eine Neue hat, trifft mich hart. Er sollte länger um seine Frau trauern. Als er Maria mitbrachte, dachte ich, dass er Mutter schon vergessen hat!"

„Das hat er nicht. Annegret ist immer in seinem Herzen. Aber er ist auch nur ein Mensch, ein Mensch mit Gefühlen und Bedürfnissen. Wir sollten froh sein, dass es Vater wieder gut geht. Nach dem Tod unserer Mutter ging es ihm lange richtig mies. Hast Du die Weinflaschen gezählt, die sich im Keller stapelten?"

Hans-Georg schüttelte den Kopf.

„Lass ihn sein Leben leben, wir haben unseres!"

Gabriele schwieg.

„Vielleicht hast Du recht. Wir müssen Maria eine Chance geben!"

Am nächsten Morgen fragte Gabriele Maria, ob sie ihr die Butter geben könnte. Später reichte Gabriele die Kaffeekanne an Maria weiter. Günter beobachtete die beiden Frauen und lächelte. Hans-Georg saß da, strahlte über sein rundes Gesicht und schob ein Butterbrot mit dick Leberwurst darauf in seinen Mund. Sie tranken Kaffee und Tee und tauschten Belanglosigkeiten aus. Nach dem Frühstück half Maria Gabriele beim Abräumen. Günter und Hans-Georg gingen ins Wohnzimmer.

Die beiden Frauen standen nebeneinander an der Spüle. Gabriele spülte das Geschirr, Maria trocknete ab. Als Gabriele fertig war drehte sie sich zu Maria.

„Ich möchte mich für mein Benehmen Dir gegenüber entschuldigen!", sagte sie.

Maria hielt mit dem Abtrocknen inne.

„Du bist nicht unsere Mutter. Du bist die neue Frau an der Seite unseres Vaters. Das respektiere ich."

Sie atmete tief ein und aus.

„Willkommen in der Familie Pieper!"

Maria lächelte perplex, dann dankte sie Gabriele.

„Was macht ihr heute noch?"

„Dein Vater und ich wollten in die Stadt. Er braucht neue Hemden!"

„Dann geht mal zu Bolten-Schmitz auf der Kö. Da geht er immer gerne hin. Er braucht neue Hemden, helle, paar verspielte. Ihr werdet bestimmt etwas finden!"

Langsam verließ Gabriele die Küche und ging hinauf in ihr Zimmer, um sich für den Tag fertigzumachen.

Günter und Maria fuhren mit dem Sportwagen in die Stadt. Er grüßte einige Passanten, als er vom Grundstück auf die Straße fuhr. Hier kannten ihn viele. Maria trug eine Sonnenbrille und ein Kopftuch aus Seide. Günter lenkte den Wagen durch den Verkehr auf die Autobahn. In kaum 15 Minuten erreichten Sie die Kö. Günter parkte den Wagen am Kanal und sie überquerten die Straße. Günter wies auf ein Restaurant.

„Da können wir später essen gehen!", sagte er.

Maria hatte sich bei ihm untergehakt und sie gingen die Kö entlang. Sie kehrten in Boutiquen ein, probierten Kleidung an. Sie genossen den Tag. Maria probierte ein kurzes Kleid mit Blumenmuster aus, das ihre Figur betonte. Als sie vor der Umkleidekabine stand und sich vor dem Spiegel langsam drehte pfiff Günter leise.

Die junge Verkäuferin, die Maria bei der Auswahl von Kleidern geholfen hatte, stand neben dem Spiel und nickte.

„Das Kleid steht Ihnen sehr gut!"

Maria lächelte und ging zurück in die Kabine, um sich wieder umzuziehen. Sie gingen zur Kasse, er bezahlte und trug die Tüte mit dem Kleid nach draußen. Maria danke ihm mit einem Kuss und hakte sich bei ihm unter. Sie gingen weiter die Kö entlang. Sie kehrten in Boutiquen ein, Günter probierte Hemden und Hosen aus. Sie lachten und tranken den angebotenen Sekt. Günter kaufte zwei Hosen und vier Hemden, zwei dunkle für die Arbeit und zwei helle mit Mustern für die Freizeit. Später kehrten sie im Restaurant „Amici" ein. Sie aßen Vitello Tomato, Bruschetta, Spaghetti und Ossobucco alla Milanese und Salat. Maria trank Wein. Er hielt sich beim Trinken zurück. Schon einmal war er auf dem Weg von Düsseldorf nachhause angetrunken von der Polizei angehalten worden. Das hatte dazu geführt, dass er einen Monat zu Fuß gehen, bzw. sich immer fahren lassen musste. Zum Glück war sein Büro nur wenige Fahrminuten von seinem Haus entfernt.

Günter lenkte den Wagen in die Straße und stoppte. Er betätigte einen Knopf am Armaturenbrett und das Tor glitt auf. Die Nachbarn kannten ihn. Ein Mann mit Hund querte das Tor und grüßte. Günter grüßte zurück und fuhr durch das offene Tor auf das Grundstück. Er stellte den Wagen links unter dem Carport ab. Sie gingen über die großen Steinplatten zum Haupthaus.

Drei Jahre vergingen. Günter und Maria fuhren des Öfteren in Urlaub. Seine Kinder kümmerten sich um das Büro und das Geschäft. Sie lieferten Regalsysteme aus Schweden und Norwegen für Büros und Läden im ganzen Lande. Das Geschäft ging gut, es bestand ein Patent auf das Regalsystem. Hans-Georg fuhr zu den Kunden und beriet sie, Gabriele machte die Buchführung. Maria half ihr so gut sie konnte. Maria hatte keine Ausbildung und heftete Rechnungen ab, übertrug Summen in Bücher und sortierte die Post. Gabriele und Maria arbeiteten gut zusammen, sprachen nur wenig miteinander.

Eines Tages fand Gabriele Maria auf dem Boden der kleinen Büroküche liegen. Sie half ihr auf die Beine, setzte sie auf einen Stuhl und brachte ihr ein Glas Wasser. Maria trank und dankte ihr und atmete schwer. Gabriele wollte sie ins Krankenhaus bringen, doch Maria wehrte ab.

„Ist nur der Kreislauf. Habe wohl nicht genug gegessen", meinte Sie.

„Bist Du schwanger?", fragte Gabriele.

Maria schüttelte den Kopf. Maria setzte sich auf einen Stuhl, atmete ruhiger. Später stand sie auf und ging nach oben. Am nächsten Morgen ging es ihr wieder besser. Sie half Gabriele wieder im Büro bei der Ablage. Gegen Mittag aßen sie in der kleinen Küche eine Pizza, die Gabriele im Ofen warm gemacht hatte. Maria aß langsam. Ihr ging es offensichtlich nicht gut. Gabriele bot ihr an, sie zum Arzt zu fahren. Günter war für ein paar Tage zu einem Freund gefahren und würde erst übermorgen zurückkommen. Sie wehrte ab, aber Gabriele bestand darauf und fuhr sie zum Hausarzt.

Gabriele wartete in der nahen Bäckerei. Maria kam nach einer Stunde und setzte sich ihr gegenüber. Gabriele bestellte einen Kaffee für Maria. Sie sah auf die Tasse hinab.

„Was hat der Arzt gesagt?"

„Er hat Blut abgenommen. Das Ergebnis erhalte ich in ein paar Tagen!"

Maria sah Gabriele an. „Sag aber Günter nichts hiervon!"

„Versprochen!"

Sie unterhielten sich stockend über den anstehenden Urlaub von ihr und Günter auf Mallorca. Maria wirkte fahrig und bekam zwei Fragen von Gabriele nicht mit.

In den folgenden Wochen wirkte Maria krank, nicht mehr so lebendig wie früher. Günter machte sich Sorgen, wollte den Urlaub absagen. Sie legte die Arme um seinen Hals und küsste ihn.

„Wie machen uns einen schönen Urlaub auf Mallorca!"

Günter drückte sie an sich.

Nach der Rückkehr holte Gabriele die beiden vom Flughafen mit dem Wagen des Vaters ab. Günter wirkte besorgt, Maria ging langsam. Günter trug auch ihren Koffer zum Gepäcktrolley. Er schob den Trolley durch die Schalter und suchte nach Gabriele. Günter schob den Wagen langsam zu Gabriele, Maria neben sich. Gabriele umarmte seinen Vater und drückte ihn und begrüßte Maria. Maria schwieg, lächelte kurz. Sie brachten die Gepäckstücke zum Wagen und Günter lud alles in den Kofferraum. Gabriele fuhr, Günter saß hinten neben Maria.

Zuhause legte sich Maria schlafen, Günter trug die Gepäckstücke ins Wohnzimmer. Er ging nach oben zu Maria und brachte sie ins Bett. Dann kam er zu Gabriele in die Küche. Er sah besorgt aus.

„Was ist los, Vater?", fragte Gabriele und reichte ihm eine Tasse Kaffee.

Er ließ den Kopf sinken.

„Maria geht es nicht gut. Im Urlaub hatte sie zweimal Kreislaufprobleme und ich musste sie ins Bett tragen. Sie hatte Kopfschmerzen, aß nur wenig. Ich denke sie muss zum Arzt!"

„Da war sie doch vor eurem Urlaub. Was kam da raus?"

„Ich weiß von keinem Arztbesuch!"

Gabriele legte die Hand auf seinen Arm.

„Es wird schon nichts Schlimmes sein. Wahrscheinlich ist sie nur überanstrengt. War in den letzten Wochen etwas viel für sie."

Günter schwieg.

„Ich bin mir nicht sicher."

Er blickte in die Kaffeetasse in seiner Hand.

„Ich kann es nur hoffen!"

Maria ging es langsam wieder besser. Sie lächelte und ging den täglichen Beschäftigungen nach. Sie ging wieder mit Günter in die Sauna und schwamm mit ihm im Pool. Als sie ein paar Tage später wieder am Rhein spazieren gingen, hakte sich Maria bei Günter unter und lachte und küsste ihn. Sie setzten sich auf eine Bank und beobachteten den Rhein und Schiffe. Maria saß ruhig neben Günter. Still. Plötzlich kippte Maria nach vorne. Günter fing sie auf und hob ihren Kopf.

„Maria, Maria!", rief er.

Er trug sie zum nahen Wagen und fuhr mit ihr direkt zum nächsten Krankenhaus. Er trug sie in die Aufnahme. Sofort umschwärmten ihn Krankenschwestern und ein Arzt lief heran. „Was ist passiert?", fragte der Arzt.

Günter zuckte mit den Schultern.

„Wir saßen auf einer Bank, plötzlich brach sie zusammen! Ich weiß nicht…"

Sie packten Maria auf eine Liege und schoben sie in den Untersuchungsraum. Günter folgte ihr und wurde vor der Tür sanft von einer Krankenschwester zurückgehalten.

„Wir kümmern uns um sie. Bleiben Sie bitte hier. Wir geben ihnen dann Nachricht!"

Günter ging vor der Tür auf und ab. Eine Krankenschwester wies auf die Stuhlreihe in einer Nische und die dortige Kaffeemaschine. Ein Telefon hing haben der Kaffeemaschine. Günter rief Hans-Georg und Gabriele an. Sie kamen wenig später. Gabriele umarmte ihren Vater.

„Was ist mit Maria los?" brach es aus Gabriele heraus.

Günter schüttelte den Kopf.

„Ich weiß noch nichts!"

Sie saßen nebeneinander, tranken Kaffee und warteten. Nach einer guten Stunde kam eine Krankenschwester aus dem Raum und trat auf Günter zu.

„Herr Pieper?"

Günter sah auf. „Ja?"

Die Schwester lächelte. „Es geht ihr wieder gut. Sie können jetzt zu ihr!"

Alle drei standen auf. Die Schwester wies auf Günter. „Sie können mitkommen. Allein. Wir müssen die junge Dame schonen", sagte sie.

Sie geleitete Günter in einen Raum. Geräte blinkten und piepten. Maria lag im Bett, an einem Tropf angeschlossen. Ihre Augen waren geschlossen. Als Günter ans Bett trat und ihren Arm berührte schlug Maria die Augen auf. Sie lächelte schwach.

„Wie geht es Dir?", fragte Günter leise und beugte sich zu ihr hinab.

„Gut, mein Schatz. Bin nur müde. Einfach müde."

Günter gab ihr einen sanften Kuss.

Die Krankenschwester ließ die beiden allein.

„Was ist mit Dir? Wir machen uns alle Sorgen um Dich!"

„Ich bin einfach müde. Ausgebrannt von den Jahren in der Gaststätte. Die viele Arbeit rächt sich jetzt. Aber bald geht es mir wieder besser."

Sie lächelte.

Günter küsste sie erneut. „In das Lächeln habe ich mich verdient!", sagte er. „Jetzt schau mal, dass Du wieder auf die Beine kommst. Dann fahren wir zur Feier nach Sylt!"

Maria lächelte. Günter blieb noch eine Viertelstunde bei ihr, dann kam er zu seinen Kindern zurück.

„Es geht ihr gut", begann er. Dann begann er zu weinen. Gabriele und Hans-Georg umarmten ihn spontan.

„Ich möchte nicht noch jemanden verlieren!" brach es aus ihm heraus. Die Kinder brachten ihn zum Auto. Hans-Georg fuhr, Gabriele und Günter saßen hinten. Gabriele hielt Günter in den Armen. Niemand sprach ein Wort, bis sie zuhause waren. Günter hatte sich wieder gefangen. Sie gingen ins Haus und Gabriele machte etwas zu essen. Hans-Georg und Günter kamen an den Esstisch. Wie immer begann Hans-Georg mit Heißhunger zu essen. Günter trank nur ein Glas Rotwein. Er wirkte ausgelaugt, müde. Seine sonst immer schelmisch lachenden Augen wirkten grau und leer.

„Haben sie gesagt, wann sie wieder draußen ist?", fragte Hans-Georg.

„Die Krankenschwester sagte etwas von drei bis vier Tagen. Sie machen noch einige Tests mit ihr. Dann wissen wir mehr!"

Nach vier Tagen besuchte Günter Maria und nahm sie mit. Sie war noch schwach und stützte sich auf seinen Arm. Auf seine Frage nach dem Grund ihres Zusammenbruchs nannte sie totale Erschöpfung. Sie bräuchte nur Ruhe und würde dann wieder auf dem Damm sein. Seine Frage nach Untersuchungswerten wehrte sie mit einer Handbewegung ab. „Nichts Besonderes!"

Zuhause hatte Gabriele einen Kuchen gebacken, den sie in die Mitte der Kaffeetafel auf dem Esstisch stellte. Maria aß wenig aber mit Appetit.

„Das Krankenhausessen war nichts besonders!", sagte sie. „Kein leckerer Kuchen wie hier…"

Sie lächelte.

Gabriele bot ihr ein weiteres Stück an, was Maria dankend annahm. Während die am Tisch saßen beobachtete Gabriele die Anwesenden. Sie hatte immer ein Faible für Psychologie gehabt. Oftmals versuchte sie Leute und ihr Verhalten zu verstehen und zu hinterfragen. Hans-Georg war ihr bevorzugtes Ziel für ihre neuen Erkenntnisse gewesen, hatte seine Träume gedeutet und versucht ihm sein Verhalten zu erklären. Wenn es Hans-Georg zu bunt wurde meinte er zu Gabriele „Gabi, nerv mich nicht! Röntge Dich mal selbst!"

Maria und Günter gingen nach dem Essen nach oben. Maria sollte sich hinlegen.

Langsam ging es Maria wieder besser.

Eines Abends kam Günter früher vom Treffen mit Freunden nachhause. Das Taxi hielt vor seinem

Haus, er bezahlte, stieg aus und ging auf den Eingang zu. Ein Rettungswagen stand vor der Einfahrt. Schnell ging er durch das Tor auf das Haus zu. Als er aufschloss, stand Gabriele in der Tür. Zwei Sanitäter trugen gerade Maria auf einer Trage die Treppe hinab. Sie wirkte bleich und hatte die Augen geschlossen.

„Maria!", rief er und trat beiseite, als die Sanitäter sie an ihm vorbeitrugen. Maria schlug die Augen auf. Sie lächelte schwach.

Die Sanitäter trugen Maria hinaus. Günter ging hinterher. Sie nannten ihm das Krankenhaus und Gabriele bot ihm an, ihn hinzufahren. Die beiden Sanitäter luden Maria hinten in den Rettungswagen. Gabriele und Günter stiegen in Gabis kleinen grauen Opel Corsa.

Sie folgten dem Rettungswagen bis zum Krankenhaus. Während Gabriele den Wagen parkte, eilte Günter in die Notaufnahme. Er trat ein und wandte sich an die Dame an der Theke. „Ich bin der Freund von Frau Wagner. Sie wurde gerade bei Ihnen eingeliefert! Wo ist sie? Kann ich zu ihr?" sprudelte es aus Günter heraus. Die Frau versuchte ihn zu beruhigen. Er atmete schwer, seine Hände schlossen und öffneten sich. Gabriele kam. Die Schwester teilte Günter mit, dass Maria gerade im Untersuchungsraum war und dass er informiert werden würde, wenn sie rauskäme. Er sollte sich in den Wartebereich setzen. Gabriele kam. Sie fand Günter nach vorne gesunken auf der Couch sitzend. Er hatte wohl geweint, seinen Augen nach zu urteilen. Gabriele stellte fest, dass Günter, der sonst wie ein Fels in der Brandung erschien, jetzt zerbrechlich wirkte. Seine innere Stärke war weg.

Eine Stunde verging.

Gabriele saß neben ihrem Vater, hatte ihren Arm um ihn gelegt. Ein Arzt erschien. Er sah sich um und trat zu Günter und Gabriele.

„Sind Sie Herr Pfeiffer?", fragte er.

Günter nickte. „Kann ich zu ihr?"

Der Arzt holte tief Luft. „Ich denke wir sollten uns kurz unterhalten!" Er sah Gabriele an. Günter blickte zu seiner Tochter.

„Das ist meine Tochter Gabriele. Sie können offen reden!"

„Sie und Maria Wagner sind nicht verheiratet, daher ist es mir nicht erlaubt, Ihnen alles mitzuteilen. Ich kann ihnen sagen, dass Ihre Freundin schwer krank ist."

„Wie krank?"

Der Arzt blickte kurz auf seine Schuhe.

„Es kann sein, dass sie den nächsten Geburtstag nicht mehr erlebt! Vielleicht auch die nächsten Monate nicht."

Er war abrupt aufgestanden und sah den Arzt fassungslos an.

„Was ist los?"

Der Arzt hob abwehrend die Hände.

„Ich darf Ihnen nicht mehr sagen. Aber kümmern Sie sich um ihre Freundin. Sie braucht Sie und hat nach Ihnen gefragt. Machen Sie ihr Leben so schön es geht."

Günter brach fast zusammen. Gabriele stützte ihn. Der Arzt führte beide zum Zimmer. An der Tür blieb er stehen und raunte Günter zu: „Sie müssen jetzt stark sein, für sie beide!"

Dann traten Gabriele und Günter ein. Maria lag ruhig da, an Schläuchen angeschlossen, Apparate blinkten und piepten periodisch. Ihre Augen waren geschlossen. Eine Krankenschwester stand neben ihrem Kopf und stellte Geräte ein. Dann lächelte sie Günter und Gabriele an und verließ das Zimmer. Leise schloss sie die Tür hinter sich.

Günter beugte sich über Maria und strich ihr über das Haar. Dann küsste er sie sanft auf die Stirn. Maria atmete durch eine durchsichtige Maske. Sie schlug die Augen auf und versuchte etwas zu sagen. Er beruhigte sie und strich ihr wieder über die Haare. Er nahm ihre rechte Hand und küsste sie. Gabriele legte ihre Hand auf seine Schulter und raunte ihm ins Ohr „Vater, ich warte auf Dich draußen!"

Gabriele lächelte Maria an und verließ den Raum. Draußen lehnte sie den Rücken gegen die Tür. Sie fühlte sich hart gegen Ihren Rücken an. Sie schloss die Augen und atmete tief durch. So war es auch bei ihrer Mutter gewesen, die an Krebs gestorben war. Sie hatten es nicht bemerkt, bis es zu spät war. Nach der Analyse war es schnell gegangen. In wenigen Monaten hatte sie körperlich abgebaut und war dann ins Krankenhaus gekommen. Nach wenigen Tagen wurde sie an Maschinen angeschlossen, die sie am Leben hielten. Als der Arzt bestätigte, dass es mit der Mutter zuende ging und dass nur noch die Maschinen sie am Leben hielten, trafen sie sich im Krankenhaus und bildeten ein Dreieck, umarmten sich. Sie gingen gemeinsam in das Zimmer, wo ihre Mutter lag. Gabriele erinnerte sich an das laute Piepen, wenn die Herztöne angezeigt wurden. Sie hatten gemeinsam die Maschine angeschaltet. Dann hatten sie alle ihre Mutter geküsst und waren bei ihr geblieben, bis ihr Herz aufhörte zu schlagen und sie einschlief. So zumindest stellte sich Gabriele das immer vor. Die Mutter war das Band gewesen, das die Familie zusammenhielt.

Jetzt lebten sie sich auseinander.

Gabriele atmete tief ein und aus und schaute den Gang entlang. Ihr Blick folgte den Ärzten und Krankenschwestern, die Zimmer betraten und verließen. Sie stellte sich neben die Tür und wartete. Nach knapp einer halben Stunde kam Günter heraus. Er war niedergeschlagen. Gabriele nahm ihn in den Arm und drückte ihn.

Wortlos führte sie ihn hinaus, in das Wartezimmer. Hier setzten sie sich. Günter sah Gabriele an.

„Sie konnte nicht sprechen. Ihr geht es schlecht. Ich habe ihr gesagt, dass ich morgen früh wieder bei ihr bin. Sie soll sich heute ausruhen und viel schlafen. Schlafen…"

Das letzte Wort flüsterte er. Gabriele hob mit ihren Händen sein Gesicht empor, zu ihr.

„Paps", sagte Gabriele zärtlich. „Es wird alles gut werden. Du wirst sehen."

Günter nickte. Sie verließen das Krankenhaus und Gabriele fuhr heim. Hans-Georg war im Haus, wartete auf sie. Sie setzten sich an den Küchentisch. Günter hatte keinen Hunger. Hans-Georg stellte wortlos einen Teller mit Günters Leibspeise – Leberkäse mit Senf - vor ihn hin. Günter schob den Teller von sich, Hans-Georg schob den Teller wieder vor Günter.

„Du musst was essen, Vater!", sagte er sanft.

Günter hob langsam die halbe Brotscheibe hoch und begann mechanisch zu essen. Gabriele brachte ihm ein Glas Rotwein. Sie schenkte sich ein Glas Weißwein ein. Sie saßen ruhig am Tisch, niemand sprach ein Wort. Hans-Georg und Gabriele waren da, um ihren Vater zu unterstützen. Günter stellte den leeren Teller beiseite und trank das Glas Rotwein mit wenigen Schlucken aus. Er goss sich nach und nahm einen Schluck.

Er senkte den Kopf, beide Hände um das Weinglas. Langsam hob er den Kopf. Er sah seine Kinder an. „Ich möchte nicht auch noch Maria verlieren!" Er sprach langsam. „Es war schon schlimm, eure Mutter zu verlieren, aber Maria auch noch das verkrafte ich nicht!"

Gabriele und Hans-Georg beugten sich zu ihm.

„Was auch immer geschieht, Vater", begann Hans-Georg. „Wir stehen zu Dir!"

Günter lächelte schwach seine Kinder an. „Das weiß ich und das rechne ich euch auch hoch an!"

Maria verstarb drei Tage später. Wie bei der Mutter standen Günter und seine Kinder um das Krankenbett. Maria hatte starke Beruhigungsmittel gegen die heftigen Schmerzen bekommen. Die Ärzte sagten Günter nicht genau, was ihr fehlte. Ein Arzt sagte ihm leise, dass ihr Herz und ihre Lunge langsam kollabierten und dass es für sie besser wäre jetzt zu gehen. Sie würde sonst an ihrer Lungenflüssigkeit ersticken...

Maria wurde eingeäschert, wie sie es gewünscht hatte. 'Niemand soll sich um mein Grab kümmern müssen!' hatte sie gesagt. In den letzten Tagen war Günter ständig bei ihr am Krankenbett gewesen. Sie hatte nur unter Schmerzen leise sprechen können. Sie hatten sich über die Beerdigung unterhalten - Marias Beerdigung. Günter hatte ihr am Anfang versichert, dass sie wieder gesundwerden würde. Bis sie ihm sagte, dass er sie nicht anlügen sollte. Dann hatten sie sich über ihre Liebe und ihre Beerdigung unterhalten. Maria war bereit zu gehen. Sie sprach von ihrer Liebe zu ihm, dass sie ihm sehr nahe war, dass sie ihm unendlich dankbar für seine Zuneigung und seine Liebe war. Er hat sie aus der Dunkelheit ans Licht geführt. Mit ihm hatte sie die Reisen gemacht, die sie sich immer gewünscht hatte. Er hatte ihr das Leben geboten, was sie sich erträumt hatte. Und er war ihr dankbar für ihre Liebe und Zuneigung. Sie hatte 20 Jahre von seinem Rücken genommen.

Die Beisetzung erfolgte in kleinem Kreis. Günter hob die Urne selbst ins kleine Grab. Neben dem Priester, Gabriele und Hans-Georg waren noch zwei Freunde von Günter und eine Freundin von Maria da.

Nach der Beisetzung blieben sie noch an dem Urnengrab stehen. Günter legte eine große rote Rose ans Grab. Der Totengräber füllte das Urnengrab und legte die quadratische Marmorplatte mit Marias Namen auf das Grab.

Sie gingen zum Auto und fuhren zur Wirtschaft, wo der Leichenschmaus stattfand.

Zuhause zogen die Jacken und Schuhe aus und wuschen sich gründlich die Hände. Günter trat ins Wohnzimmer, wo auf der Kommode ein großer Bilderrahmen mit einer lächelnden Maria stand, mit einem schwarzen Band am oberen Rahmen.

Gabriele und Hans-Georg zogen sich zurück, ließen Günter am Bild allein.

Wetten auf Griechisch

„Erinnerungen sind Selbstbetrug!"

Die Stimme drang durch den Alkoholnebel zu mir. Neben mir an der Theke stand ein alter Mann in abgerissener Kleidung. Er hatte strähniges Haar und ein zerfurchtes Gesicht, aus dem mich zwei dunkle Augen musterten. Ich roch den billigen Alkohol in seinem Atem. Er schwankte und stützte sich mit der linken Hand am umlaufenden Messjemand, der gerne spielt. Er wirf die Münze hoch, man hofft auf Zahl, doch es kommt immer Kopf!"

„Interessante Sichtweise. Und wovon leben Sie?"

„Von der Wohlfahrt! Wer will schon etwas mit einem wir mir zu tun haben?" Pause. „Sie haben einen leichten Akzent, wo kommen Sie her?"

„Aus Griechenland!"

„Aah, das Land der Götter. Erinnere mich an die Schule: Zeus, Apollo, Hera und Aphrodite! Oder wie war das?"

„So ungefähr!"

Ich wandte mich dem Wirt zu.

„Geben Sie dem Mann hier noch ein Bier! Und mir auch noch eins!"

Der Kellner stellte uns beiden ein Bier hin und begann mit einem Tuch Gläser zu putzen.

„Als würde jemand nicht wollen, dass es mir besser geht!"

Der alte Mann trank, legte den Kopf zurück und ließ das Bier seine Kehle hinunterlaufen. Der große Adamsapfel hüpfte beim Schlucken. Bedauernd stellte er die leere Flasche auf die Theke und wischte sich über das Gesicht.

„Jetzt geht es mir wieder besser!"

Ich bestellte ein weiteres Bier für den Mann und trank von meinem.

„Was machen Sie hier in Amerika?", wollte der Mann wissen.

„Ich befasse mich mit Glücksspiel-Automaten. Bin auf der Durchreise nach Las Vegas."

Der alte Mann trank das Bier aus, ich bestellte ein weiteres.

„Das Schicksal spielt Roulette. Ich setze auf rot und schwarz und es kommt Zero!"

Ich bestellte ein weiteres Bier für den Mann und bezahlte beim Kellner. Kurze Verabschiedung, steckte dem Alten noch etwas Geld zu. Kurz vor Verlassen der Bar schlug ich den Mantelkragen hoch. Draußen war es kalt, Novemberregen nieselte die schmale Straße entlang. Ich hasste den Regen. In Griechenland war es immer warm und angenehm gewesen im Garten meines Vaters, damals. Rasch überquerte ich die Straße und stellte mich in den Hauseingang einer geschlossenen Bäckerei unter.

Wenig später trat der alte Mann aus der Bar und blieb unter dem Vordach stehen. Er fröstelte, schlug den Mantelkragen hoch und wandte sich nach links. Langsam folgte ich ihm. An einer großen Kreuzung blieb er stehen. Ein großer LKW brauste heran, ein Peterbilt mit großer Kühlerhaube und weitgezogener Kabine. Laut Werbeaufdruck transportierte er Eiskrem. Aus meiner Manteltasche holte ich die Münze.

Kurz betrachtete ich die alte abgegriffene Münze. Das Portrait darauf war nicht mehr zu erkennen. Ich wusste, dass es Perikles zeigte.

Damals…

Der LKW erreichte die Kreuzung.

Ich warf die Münze in die Luft und fing sie auf.

Kopf.

Der LKW-Fahrer verlor die Kontrolle über sein Fahrzeug, hupte wild, Bremsen quietschten. Der Anhänger brach aus und stellte sich quer und rutschte funkensprühend über die Kreuzung. Der alte Mann war viel zu betrunken, um rechtzeitig reagieren zu können. Nach wenigen Schritten hatte ihn der Anhänger erreicht und fegte ihn vom Bürgersteig an die Hauswand eines Blumenladens, zerquetschte ihn wie eine Fliege.

Ich steckte die Münze weg. Wäre Zahl gekommen, wäre der alte Mann nicht gestorben.

Der alte Mann hatte recht.

Manchmal würfelt das Schicksal.

Mein Vater Zeus schenkte mir die Münze einst.

Der alte Mann

Der alte Mann erwachte in dem Bewusstsein, heute zu gehen. Er schlug die Augen auf, bevor der laute Ton durch die Halle ertönte. Wie jeden Morgen seit Jahren stand er auf, zog seine spärliche Kleidung an und ging zum Waschraum. Er starrte in den blinden Spiegel und wusch sein Gesicht mit Wasser aus einem Holzeimer. Dann ging er zurück in den Schlafraum, wo der laute Ton ertönte und alle Männer aus ihren Träumen gerissen wurden. Müde standen die Männer auf und schlurften aus dem Gebäude. Davor bauten sie sich in mehreren Reihen auf. Dünne Gestalten in grauer Kleidung. Sie froren im Wind. Laute Stimmen. Befehle.

Der alte Mann wusste, dass er heute seine Frau wiedersehen würde. Er freute sich darauf, auf einer weiten Wiese mit hohem Gras neben ihr zu gehen, so wie er es früher getan hatte. Er hatte es immer genossen, die Sonne in seinem Gesicht zu spüren, ihre Hand in seiner. Sie hatten sich immer viel zu erzählen gehabt und manchmal waren sie auch nur schweigend nebeneinander gegangen und ihre gegenseitige Liebe hatte ihre Herzen gewährt.

Dann war sie gegangen. Er vermisste sie sehr.

Der alte Mann ließ sich Zeit und zupfte seine Kleidung zurecht. Deutlich war der große gelbe Stern auf seiner Brust zu sehen. Er nahm seinen kleinen Pappkoffer mit seinen wenigen Habseligkeiten und ging langsam an den aufgestellten Männern vorbei. Männer in schwarzen Uniformen und glitzernden Totenköpfen am Kragenspiegel standen vor den Reihen und riefen Anweisungen. Der Mann ging an den Reihen vorbei und folgte dem Kiesweg entlang, der zwischen den Gebäuden zu einem großen Tor führte. Es war warm und die Julisonne wärmte sein Gesicht. Unter seinem dünnen Hemd war ihm angenehm warm. Der Koffer war nicht schwer.

Ruhig ging der Mann den Weg entlang und erreichte das Tor, das durch eine Schranke begrenzt war. Ein Mann stand neben der Schranke und sah ihn an, ein Gewehr in Händen. Der alte Mann nickte dem anderen zu und begann die Schranke zu umrunden.

Laute Stimmen, zornige Worte. Er achtete nicht auf sie, schüttelte sie ab wie eine kratzige Decke und setzte seinen Weg fort. Das Gesicht des Mannes mit Gewehr folgte ihm.

Der alte Mann erreichte den Beginn der großen Wiese mit dem hohen Gras als ein lauter Knall ertönte. Etwas traf ihn zwischen die Schulterblätter. Ruhig legte er sich ins Gras und atmete tief den Duft der Feldblumen ein, ließ seine Hand durch die Gräser gleiten. Bis er zu schwach war.

Schon hörte er das Lachen seiner Frau.

Er erhob sich und ging durch das hohe Gras den sanften Hügel hinauf, wo sie lächelnd auf ihn wartete.

Mein Opa

Mein Opa kannte ich nur als hart arbeitenden Menschen, der aufgrund einer Tuberkulose in der Jugend ein Bein steif nachzog. Er arbeitete bis ins hohe Alter hinein im Bereich der Kanalsanierung, half mit seiner Schaufel beim Ausschachten von neuen Kanälen, arbeitete vom Morgen bis zum Abend. Er war groß, mit über 60 noch 1,94, hatte dunkle, olivfarbene Haut, dunkle Augen und schwarze Haare. Sein Gesicht war markant, männlich schön. Früher als jungen Mann waren ihm die Frauen scharenweise nachgelaufen. So gingen die Geschichten im Dorf herum. Er soll seiner Geliebten ein Haus gebaut haben - mein Opa halt! Alle nannten ihn nur den 'Schwarzen'.

Als ich klein war, trug er mich oft auf seinen Schultern. Er tat dann so als wäre er besoffen und würde jeden Moment in den Abflussgraben parallel zur Straße fallen. Ich war klein und fluchte wie ein Rohrspatz. Und er lachte.

Ich wusste immer, dass er mich als seinen Enkel liebte. Von dem, was er verdiente, lebten er und seine Frau in einem einfachen sauberen Haus, das an der Durchgangsstraße des kleinen Ortes lag. Ich sehe ihn noch unter dem wilden Wein sitzen, eine Flasche Rotwein vor sich auf dem Tisch, dazu Brot und Käse und Wurst. Das metallene Gewölbe, an dem der wilde Wein wuchs, endete rechteckig am Hausanbau. Im Gehege am Ende des Hausanbaus fraßen die Schweine aus dem vollen Trog. Man hörte sie grunzen. Später im Jahr würden sie das Fleisch liefern, von dem wir auch etwas geschickt bekamen.

Er war für mich immer wie ein Baum, groß und sehnig und stark. Ich liebte ihn und er liebte mich. Auch meine Schwester liebte er abgöttisch.

Das Geld, was er verdiente, tauschte er periodisch auf der Bank gegen Devisen um. Wenn wir alljährlich dort erschienen, gab er meinen Eltern und uns Kindern nagelneue fast wie gebügelt wirkende 100 DM-Scheine. Ich kann sie heute noch in meiner Hand spüren. Davon kauften wir uns dann Sachen, die wir als Kinder haben wollten.

1986 wurde er krank. Er schleppte sich von Arzt zu Arzt, keiner konnte ihm helfen. Man diagnostizierte schließlich Krebs im Endstadium. Ich besuchte ihn noch im Krankenhaus, dann verstarb er und wir beerdigten ihn in einer bewegenden Feier.

Was mich im Zusammenhang mit meinem Opa länger beschäftigte, war ein Erlebnis meiner Mutter.

Sie ging eines Tages über den Marktplatz des nächstgrößeren Ortes, als ein Mann sie ansprach.

„Du bist doch die Tochter vom 'Schwarzen'?"

Meine Mutter bejahte.

Und der Mann weinte.

So sehr hatte ihn die Nachricht getroffen.

Ich besuche den Friedhof im Süden seit vielen Jahren nicht mehr. Nach dem Krieg kehrte meine Oma in den zerstörten Ort zurück. Sie starb wenige Jahre später.

Ich brauche nicht an das Grab meines Opas zu gehen, um mich seiner zu erinnern.

Ich trage ihn immer bei mir.

Die Kinder

Die Kinder spielten im Hof der Ruine. Sie kletterten über die zugewachsenen Schutthalden und rutschten einen breiten Erdhügel hinab. Einer der drei Jungs fand im Gebüsch eine alte Leiter, die er an eine der Mauern des weitläufigen Gebäudes lehnte. Vorsichtig stieg er die Stufen hinauf und blickte durch ein zerschlagenes Fenster ins Innere. Als sich seine Augen an die Dunkelheit gewöhnt hatten erkannte er im Inneren mehrere umgeworfene Stühle und Schränke, zerschlagenes Geschirr, alles wird durcheinandergeworfen auf dem Boden verteilt.

„Was kannst Du sehen, Frank?" rief das ältere Mädchen. Die Kinder sahen zu ihm herauf.

„Hier sind Stühle und Schränke, viele Sachen liegen auf dem Boden herum!"

„Komm, lass uns hineingehen und nachschauen!"

Der Junge stieß das Fenster auf und stieg langsam hinein. Die anderen Kinder kletterten ebenfalls die Leiter hinauf und betraten vorsichtig den Boden. Im Betonboden gähnten überall Löcher, deutlich war die verrostete Bewehrung zu erkennen. Die Kinder hatten bislang immer nur im Erdgeschoss des verbotenen Hauses gespielt. Ein Zugang zu den oberen Räumen hatte es nicht gegeben, die beiden Treppen waren eingestürzt.

Die Kinder öffneten die Schränke, fanden alte Kleidung, Geschirr, alte Zeitungen, vergilbte Fotos, die lachende Menschen vor Fahrzeugen und Häusern zeigten.

Paula zeigte auf eines der Fotos, die Sophie in den Händen trug.

„Die sieht aus wie unsere Mama!"

Sophie hielt das Foto dicht vor die Augen.

„Du hast recht!", meinte sie. „Da war sie noch richtig jung!"

„Komm, wir zeigen es ihr!"

Frank war schon bis ans Ende des Raumes gegangen und begann die Tür zu öffnen. Er musste sich dagegenstemmen, seine Brüder kamen hinzu und halfen ihm. Schließlich schafften sie es, und die Tür gab nach. Der Raum war klein und langgezogen, rechts standen Regale mit Reagenzgläsern, bunten Flaschen, der Boden war übersäet mit Glassplittern. Durch das Loch im Dach drang das helle Tageslicht hinein, Staubkörner tanzten im Licht. Sie stiegen über die Splitter hinweg und umrundeten den kleinen länglichen Tisch mit Apparaturen und standen vor einer weiteren schmalen Tür. Sie war offen. Auch der Raum erinnerte sie an ein Labor, so wie sie die aus ihren Büchern kannten. An den Wänden hingen Bilder und Notizen von menschlichen Zellen, Organen und chemischen Formeln. Die Kinder untersuchten beide Räume behutsam, ohne sich an den Glassplittern zu schneiden. Nach einer halben Stunde hatten sie in alle Schubladen und Schränke hineingeblickt, staubiges Papier hervorgeholt und auf den Tischen ausgebreitet. Sophie deutete auf einen schlanken dunkelhaarigen Mann in der zweiten Reihe.

„Der sieht aus wie Vati!"

Paula blickte ebenfalls auf das Foto und tippte auf das Gesicht des Mannes in der zweiten Reihe. „Der sieht wirklich aus wie Papa!"

Die Kinder verließen nacheinander den Raum und kehrten zur Leiter zurück. Sophie war die letzte, die hinabkletterte. In der einen Hand hielt sie das Foto, mit der anderen umklammerte sie die

Sprossen. Plötzlich gab die Sprosse nach, an der sie sich festhielt. Sie fiel schreiend nach hinten, ihre Hände griffen ins Leere. Die Kinder schrien auf, traten beiseite. Frank wollte Sophie noch auffangen, doch sie prallte gegen die Leiter und schlug schwer auf dem Boden auf. Paula schrie laut auf und deutete auf den Kopf von Sophie. Aus der klaffenden Wunde rann eine bläuliche Flüssigkeit. Deutlich waren funkelnde Einzelteile im Kopf zu sehen, Entladungen zuckten. Sophies Kopf ruckte wild hin und her, ihre Augen drehten sich.

„Los, Paula!" schrie Frank und packte Paula am Arm. „Hol die Eltern!"

Paula rannte los, ihre Gestalt verschwand im hohen Gras. Sie hörten ihre Rufe nach den Eltern. Die Kinder standen um Sophie herum, Frank kniete neben Sophie und versuchte sie festzuhalten.

Wenig später hörten sie die schweren Schritte der Eltern.

Der Vater drückte Frank beiseite und kniete neben Sophie. Behutsam hob er sie auf und trug sie fort. Die Kinder folgten ihm.

Ihr Haus war ein zweistöckiges Gebäude mit hohen Fenstern, einer großen Terrasse und einer hohen Hecke.

Die Mutter stand am Schuppen neben dem Haus und wartete auf sie. Der Vater eilte mit Sophie auf den Armen auf sie zu und trug sie hinein. Die Mutter wollte die Tür hinter ihm und vor den Kindern schließen, aber der Vater wies sie an, die Kinder hineinzulassen.

Der Vater legte Sophie in einen Stuhl und band ihre zuckenden Glieder mit starken Klettverschlussbändern fest. Behutsam hielt er den Kopf fest, während die Mutter den Kopf mit breiten Bändern fixierte.

Die Kinder beobachteten, wie die Eltern ein breites Lederband auf den Tisch neben dem Stuhl ausrollten. Das Band enthielt zahlreiche feine Werkzeuge. Der Vater beugte sich mit einem dünnen Schraubendreher zu Sophie hinab, dann hielt er inne, richtete sich auf, sah die Mutter an, die nickte, und wandte sich langsam zu den Kindern herum.

Er atmete tief ein und hielt einen Augenblick die Luft an, bevor er geräuschvoll ausatmete.

„Wir – eure Mutter und ich – haben Euch sehr lieb. Das müsst ihr euch immer vor Augen halten. Wir … wir beide … sind eure Eltern und auch wieder nicht. Unsere Kinder hießen" – er deutete einzeln auf die Kinder - „Paula, Frank, Herbert, Tobias und … Sophie!"

Er hielt kurz inne. Es fiel ihm sichtlich schwer, fortzufahren.

„Sie … sind aber tot. Gestorben im großen Krieg. Wir befanden uns im großen Haus auf dem Hügel, in dem ihr trotz des Verbotes heute gespielt habt! Wir riefen ihnen zu in den Keller zu gehen, doch sie waren zu langsam. Die Bombe erwischte sie kurz vor dem Bunker. Sie starben schnell. Eurer Mutter und mir brachen die Herzen, als wir sie begraben mussten. Wir sind beide Robottechniker und Genetiker und waren am Bau der intelligenten Maschinen beteiligt, die diese Bomben auf der anderen Seite des Planeten abwarfen. Die ebenso intelligenten Maschinen der anderen warfen Ihre Bombenladungen hier ab. Quid pro quo. Wir … trugen die Entscheidung, unsere Kinder - Euch - wieder ins Leben zu holen. Wir fertigten Euch nach den Vorbildern an, die wir hinter dem Haus begraben haben und ließen euch die gleichen Eigenschaften ausleben. Wir waren wieder eine normale Familie!"

Er hielt inne und trat von Sophie zurück. „Wenn wir schon dabei sind, die Wahrheit zu sagen, so muss ich auch Dir ein Geständnis machen, Marion. Ich... erinnerst Du Dich an den Unfall mit dem Auto, den Du hattest?"

Seine Frau Marion stand neben dem Stuhl, sah in direkt an und nickte langsam.

„Du hast den Unfall nicht überlebt. Daher habe ich auch Dich nach dem Vorbild erstellt!"

Marion sah ihn immer noch an, eine Hand auf Sophies Schulter gestützt.

„Nur ich bin menschlich. Ich konnte einfach nicht ohne euch sein! Verzeih mir, dass ich Dir erst jetzt die Wahrheit mitteile! Ich...konnte einfach nicht früher..."

Marion trat auf ihn zu und legte die Hände auf seine Schultern.

„Mach Dir keine Sorgen, Jonas, alles ist gut!" Sie sah ihm direkt in die Augen.

„Es sind viele Jahre her, seitdem unsere Kinder verunglückt sind, weißt Du noch wie viele?"

„Fünf, sechs, denke ich!"

„129 Jahre, mein Schatz!"

Jonas prallte zurück.

„Ja, es sind schon 129 Jahre vergangen seit dem Ende des großen Krieges. Und alle anderen sind tot. Nur wir leben! Und in all den Jahren sind wir nicht gealtert."

Jonas starrte sie fassungslos an.

„Du weißt nicht, dass Du beim Versuch, die Kinder zu retten, ebenfalls gestorben bist. Zuerst habe ich Dich nachgebaut, meinen geliebten Mann, dann haben wir die Kinder hergestellt!"

Jonas griff sich an die Kehle.

„Das...das kann nicht sein!", stammelte er.

Marion trat an ihn heran, ergriff seine rechte Hand und drückte mehrmals auf die Handfläche. Die Hand erstarrte, in der durchsichtig werdenden Handfläche zeichneten sich bunte Linien ab. Elektroden wurden sichtbar.

Jonas starrte auf die Hand. Marion drückte erneut mehrmals auf die Handfläche, die Oberfläche wurde wieder fleischfarben, die Finger beweglich.

Marion und die Kinder bildeten einen Kreis, sie ergriff seine rechte Hand, Frank seine linke.

„Jetzt sind wir wieder eine richtige Familie!"

Feuer

Hugh stellte seine Tasche in den Spind. Neben ihm stand sein Vater, groß und sehnig, mit grauen Haaren und grauen Augen. Langsam begann dieser sich auszuziehen, legte die Geldbörse und Autoschlüssel und Handy daneben ab, hängte Hose und Jacke in den Spind. Für seine 50 war sein Vater noch durchtrainiert. Der Vater nahm seine dunkle dicke Feuerwehrhose und begann sie anzuziehen. Dann legte er die Hosenträger über die Schultern und befestigte sie vorne am Bund. Als er die dicke Jacke anzog, wandte er sich an seinen Sohn.

„Hank, ich finde es sehr gut, dass Du Dich zu uns hast versetzen lassen. Hier kannst Du viel lernen. Wenn Du als Brandschutzsachverständiger arbeiten willst, kannst Du viele Erfahrungen sammeln. Das ist immer besser. Bücher ersetzen keine Erfahrungen!"

Hank hatte sich ebenfalls umgezogen. Beide trugen ihre Wertgegenstände zu den kleinen Wandsafes neben den Fahrzeugen. Offen. Rein. Zu. Hier hingen Zeitungsberichte über die „ladder 3", zeigten Menschen, die sie aus den Flammen gerettet hatten. Auf einigen war deutlich Hughs Vater zu sehen, der Personen aus dem Feuer trug.

Sie gingen nach vorne zum offenen Hallentor. Hier standen die anderen Mitglieder ihres Teams. Der Anführer - Leutnant Haynes - stand vor dem Halbkreis. Er trug seine Jacke ebenfalls offen.

„Gut, dass ihr beiden da seid. Dann können wir gleich loslegen. Wir werden uns auf den Übungsplatz begeben und das Löschen von Hausbränden üben. Beim letzten Mal ist das Haus fast über uns eingestürzt. Habe einen Bauingenieur zu unserer

Übung hinzugebeten, der wird euch noch einiges über die Statik von Gebäude erzählen. OK, alle aufsitzen!"

Die Männer stiegen auf das nächste Leiterfahrzeug, Leutnant Haynes war vorne eingestiegen. Sie fuhren hinaus, ohne Sirene.

Nach 10 Minuten Fahrt erreichten sie eine große Fläche an einer Ausfallstraße, die an den Parkplatz eines großen Einkaufszentrums grenzte. Darauf standen mehrere Betonbauten, erinnerten an Ruinen oder an Häuser im Rohbau. Eine Straße führte hindurch. Einige Gestalten liefen zwischen den Gebäuden hin und her.

Sie stellten sich auf einen großen betonierten Platz und warteten ab. Plötzlich schlugen hohe Flammen aus den Fenstern der nächsten Gebäude. Sie rollten heran, das Fahrzeug blieb in ausreichender Entfernung stehen, dann wurden die Schläuche ausgerollt, an Hydranten angeschlossen. Zweierteams gingen mit den Wasserstrahlen gegen die Flammen vor. Sie achteten auf das Feuer und auch aufeinander. Die Schläuche sollten sich nicht verheddern. Nach etwa 10 Minuten hatten sie das Feuer soweit unter Kontrolle, dass wenige Stöße mit einem Feuerlöscher ausreichten, diese zu löschen.

Der Leutnant rief seine Leute zusammen und führte Manöverkritik durch. Er wies auf Versäumnisse hin, gab Hinweise, auf was sie achten sollten. Im Großen und Ganzen war er mit ihrer Leistung zufrieden. Sie packten ihre Ausrüstung zusammen, ließen die Schläuche auslaufen, rollten sie auf und verstauten sie auf dem Fahrzeug. Sie verstauten alle Ausrüstungsteile ebenfalls auf dem Wagen.

Er winkte einem Mann zu, der in einiger Entfernung neben einem geparkten Wagen stand. Dieser kam heran und der Leutnant stellte ihn als Mister Henderson vor, civil engineer. Henderson berichtete von Grundlagen der Bauelemente, erläuterte anhand der Gebäude die statischen Funktionen der Bauteile und beschrieb Vor- und Nachteile der Bauweisen.

„Bei einem Stahlträger ist die thermische Beanspruchung vertretbar, solange er ausreichend brandschutztechnisch abgesichert ist. Wenn diese Bedeckung aber zerstört ist und der Träger direkt hohen Temperaturen ausgesetzt wird, kann das schnell zum Versagen der Tragfähigkeit führen. Wenn es mehrere Träger betrifft, kann es passieren, dass die Last der darüber liegenden Gebäudeteile nicht ausreichend abgefangen werden kann und das Gebäude kollabiert. Die oberen Gebäudeteile krachen auf die darunterliegenden und alles stürzt wie ein Kartenhaus zusammen. Sandwicheffekt. So ist es beim World Trade Center 9/11 passiert. Dort wurden etliche Träger durch die Flugzeuge zertrennt und viele andere wurden so hohen Temperaturen durch die Flammen ausgesetzt, dass sie versagten. Daher ist es für sie immer wichtig, sich in der Nähe von tragenden Elementen aufzuhalten. Das sind in der Regel die dicken Wände, die Treppenhäuser, oftmals auch Bereiche in Tiefgaragen mit dicken Wänden, je nach Ausführung. Achten Sie auf die Deckenbeläge. Sind diese aus Holz, können sie Feuer fangen und ihnen den Rückweg versperren. Achten sie auf die Treppen. Sind diese aus Holz können sie auch brennen und der Rückweg ist dann schwierig oder unmöglich. Fenster sind oftmals zu klein, um vernünftig ein- und auszusteigen."

„Wie sieht es mit Aufzugsschächten aus? Diese sind doch auch meist stabil. Theoretisch könnte man sich doch in ihnen hinablassen, oder!"

„Diese sind normalerweise gegen Feuer gesichert. Die Lifte fahren im Brandfalle dank der Brandfallsteuerung ins Erdgeschoss und bleiben dort mit offenen Türen stehen. Wenn sie sich aus den oberen Geschossen herunterlassen, enden sie auf dem Dach des Aufzuges. Dann müssten sie die Decke öffnen und in den Lift einsteigen. Das ist sicherlich der schwierigste Weg."

Sie sprachen noch über die Tragfähigkeit von verschiedenen Wandtypen aus Holz, Mauerwerk oder Beton sowie die Veränderung der Lastabtragung bei Wegfall von verschiedenen Stützen.

Das Gespräch dauerte noch eine halbe Stunde. Sie bedankten sich bei Henderson und bestiegen das Fahrzeug wieder.

In der Station fuhren Sie das Fahrzeug rückwärts hinein, stellten es ab. Der Leutnant teilte seine Leute zu den Schichten ein und sie trennten sich.

„Wenigstens haben wir heute Abend die Schicht gemeinsam, John!", meinte Hugh und zog sich am Spind rasch um. Sein Vater war langsamer. Bedächtig hängte er Jacke und Hose in den Spind und zog seine Zivilkleidung an. Aus den Wandsafes holten sie ihre Wertgegenstände. Hugh prüfte die eingegangenen Nachrichten auf seinem Handy.

„Mutter hat sich gemeldet. Wir sollen nicht zu spät zum Abendessen kommen!"

Sein Vater nickte. Sie verließen die Station durch einen Seitenausgang und gingen zu den geparkten Fahrzeugen.

Zuhause, Esszimmer.

Mutter trug die Speisen auf: Nudeln mit dicker roter Hackfleischsoße. Sie stellte die beiden Töpfe nacheinander auf den Tisch und setzte sich neben den Vater, der am Kopfende saß, ihr gegenüber saß Hugh. John sprach das Tischgebet und verteilte das Essen. Sie aßen, nur hin und wieder wurden wenige Worte gewechselt.

Nach dem Essen räumte der Sohn alles ab, trug die Töpfe und das Geschirr in die Küche und wusch die Teller und das Besteck im Spülbecken ab. Dann stellte er alles neben die Spüle in ein Gestell und ging am Esstisch vorbei ins Wohnzimmer, wo seine Eltern auf der u-förmigen Couch saßen. Der Vater schaute auf die Uhr. „Bald müssen wir wieder los!", meinte er zu seinem Sohn. Hugh nickte und ging in sein Zimmer, wo er einige Kleidungsstücke in eine kleine Tasche packte. Dann trat er in den Flur. Sein Vater stand bereits dort, zog seine Schuhe und seine Jacke an. Seitdem sie bei der Feuerwehr arbeiteten, schlüpften sie nur noch in ihre Schuhe und banden die Schnursenkel nicht, um schnell aus den Schuhen zu kommen. Neben der Tür hingen mehrere DIN AA-große Auszeichnungen über die Taten seines Vaters, wie er Menschen aus dem Feuer gerettet hatte. Der Spitzname „Firewalker" stammte aus den Zeiten. Hugh kannte alle Auszeichnungen seines Vaters. Unzählige Male hatte dieser sein Leben im Feuer riskiert, um andere zu retten. Hugh wunderte sich immer wieder, dass sein Vater so wenige Blessuren davongetragen hatte. Sein Vater bemerkte seinen Blick.

„Es gibt einiges, über das wir reden sollten, mein Sohn! Du bist so erwachsen geworden. Wir müssen uns mal ausreichend Zeit dafür nehmen."

John gab seiner Frau an der Tür einen Kuss, sie sagte ihm, dass er auf sich und Hugh aufpassen solle, und sie verließen das Haus. Den Weg zur Station legten sie rasch zurück. Der Stationsleiter begrüßte sie in der Halle, als sie eintraten. Michaels Gesicht war zum Teil verbrannt worden, seine linke Gesichtshälfte war gelähmt, wenn er lächelte.

„Wir führen noch eine Einsatzbesprechung wegen der anstehenden Parade durch!", meinte Michaels und wies nach oben. „Im großen Besprechungsraum!"

Sie stiegen die Treppe neben dem Lift nach oben. Im großen Besprechungsraum saßen die anderen. Wenige Augenblicke später betrat der Leutnant den Raum. Alle erhoben sich kurz. Der Leutnant nickte und wies sie an, sich zu setzen.

Er baute seinen Laptop auf und schaltete den Beamer auf dem Tisch vor ihm an. Er prüfte die Kabelverbindung. Das erste Bild erschien. Es zeigte eine Google Earth Aufnahme der Stadt. Deutlich waren die Wahrzeichen zu erkennen. Der Leutnant zoomte das Stadtzentrum heran, scrollte nach links, rechts, oben und unten und erläuterte den Ablauf der anstehenden Ereignisse.

„Heute Abend findet die Parade zur 200-Jahrfeier unserer Stadt statt. Wie wir alle wissen, haben alle seit mehr als 2 Jahren Vorbereitungen dafür getroffen. Es wird eine große Parade geben, in der zahlreiche Schauspieler mit Kostümen die Stationen der Stadt darstellen werden, von den Indianern bis zur heutigen Zeit. Veteranen werden auch marschieren. Eine High School Band wird spielen, begleitet von entsprechenden Cheerleaderinnen. Sie beginnen hier im Norden unweit des

Rathauses, machen dann einen Bogen Richtung Westen, zum Fluss hin, biegen an der 3. Richtung Osten und enden dann im großen Stadium. Dort wird es ein großes Feuerwerk geben. Es werden etwa 600 Teilnehmer erwartet. Die Straßen werden gesäumt sein von Tausenden von Schaulustigen. Ein Großaufgebot der Polizei wird vor Ort sein, weitere Polizeieinheiten und Nationalgarde werden sich im Hintergrund halten. Wir haben uns aufgeteilt, um leichter und schneller agieren zu können. Die Polizei hat für uns Straßen abgesperrt, auf denen wir uns bewegen können. Es dürfte aber nicht viel los sein! Wir stellen uns auf an den Positionen Alpha, Bravo, Charlie, Delta und Echo" – er deutete mit dem Laserpointer auf Punkte der Stadtkarte – „und haben so raschen Zugriff zu einem Großteil der Stadt. Jeden Punkt übernimmt eine Station. Wir sind hier an Delta, bei den beiden großen Baustellen."

Er stellte den Laptop aus, schaltete den Beamer aus und ließ das Licht anschalten. Er verteilte die eben gezeigte Stadtkarte mit den markierten Positionen der einzelnen Feuerwehren. Nach dem Gespräch verließen die Männer den Raum. Hugh und John gingen zielstrebig zur Umkleide. Sie zogen sich um, warteten kurz und stiegen dann gemeinsam mit den anderen in das Fahrzeug. Sie fuhren langsam hinaus, fädelten in den Verkehr ein und folgten der großen Hauptstraße. Sie erreichten eine Straßensperre der Polizei und wurden durchgewunken. Sie wendeten auf einem Parkplatz und stellten den Wagen dann mitten auf die inzwischen abgesperrte Straße. Leutnant Haynes besprach sich mit dem zuständigen Polizisten und teilte seine Leute ein. Die Parade war bereits am

Startpunkt aufgebrochen und würde in einer halben Stunde bei ihnen sein. John und Hugh setzten sich auf eine niedrige Mauer vor einem Imbiss. Hugh holte für sie beide Kaffee.

Hugh wunderte sich über die sichtbare Anspannung seines Vaters.

„Weißt Du," begann John „wir haben uns noch nie so richtig ausgesprochen. Um der Wahrheit die Ehre zu geben ... ich habe mich bislang vor solchen Gesprächen immer gedrückt, auch bei Deiner Mutter. Mein Vater selbst duldete keinen Widerspruch. Er war streng, sehr streng. Ich habe irgendwann gegen ihn rebelliert und ihn verlassen. Aber wohin? Ich bin viel gereist, habe vieles gesehen, viele Orte besucht und noch mehr Menschen kennengelernt. Dann bin ich hierhergekommen. Es war ein harter Kampf, hier zur Feuerwehr zu kommen. Ich wollte wieder etwas mit Feuer machen. Das ist mein Element!"

„Warum riskierst Du immer Dein Leben? Hast Du nicht dabei an Mutter und an mich gedacht, früher zumindest?"

Sein Vater sah ihn an und seine Augen funkelten.

„Da ist etwas, tief in mir, dass mich zum Feuer zieht!"

Hugh schwieg. Er ließ seinen Blick über die Umgebung schweifen.

„Ich hatte als Kind häufig Ängste um Dich ausgestanden, Vater!" Er nannte John immer nur Vater, wenn es wichtig war. „Oft lag ich abends im Bett wach und dachte an Dich und betete, dass Du gesund nachhause kommst. Wenn Du nachhause kamst bin ich aufgestanden und habe Dich begrüßt. Du hast nach

Feuer und Rauch gerochen, wenn Du mich hochgehoben und gedrückt hast. Ich weiß von Deiner Trauer um Geoffrey Winter und Edward Norton, die beide vom Feuer eingeschlossen wurden und die Du nicht retten konntest. Ich habe Dich leise im Wohnzimmer weinen gehört."

John ließ den Kopf hängen und erinnerte sich an die Gesichter der beiden Männer, die in dem Hochhaus umkamen, als einige Benzinfässer Feuer fingen und in einer großen Feuerlohe explodierten. Die beiden Männer, die eine Zuwegung zu Eingeschlossenen erkunden sollten, wurden überrascht, der Rückweg war ihnen abgeschnitten. Sie versuchten sich noch zu einer Feuerleiter durchzukämpfen – aber es war vergeblich gewesen. Sie waren verbrannt. Und er hatte nichts machen können. Das war für John das Schlimmste gewesen. Das Haus brach zusammen und seine Kollegen und er mussten laufen, um nicht von den Trümmern erfasst zu werden.

„Solche Erlebnisse haben mich nur in der Absicht bestärkt, Menschen zu retten."

Die Parade erreichte ihren Standort. Vorneweg Musiker und junge Damen in Röcken und roten Jacken, mit großen Mützen auf den Köpfen, die an die Zeit des Unabhängigkeitskrieges erinnerten. Wagen rollten langsam an ihnen vorbei. Menschen beiderseits der Straße applaudierten den Musikern und den Menschen auf den Wagen, die Szenen der amerikanischen Geschichte nachstellten. Hugh beobachtete die Menschen auf den Wagen, die Zuschauer und den Himmel. Immer wieder wurden Leuchtkörper in den Himmel geschossen. Er sah in einiger Entfernung einen Mann, der eine Signalpistole hob und eine Signalrakete in den Himmel schoss. Der Punkt verglühte, der Rest trieb im Wind davon. Weiter weg würde er zu Boden schweben.

John ging zu dem Mann und sprach ihn an wegen der Gefahren der Signalpistole. „Wenn der Leuchtkörper etwas Brennbares trifft, dann kann das ein großes Feuer entzünden. Der Leuchtkörper verbrennt mit knapp 1.000 Grad. Das reicht aus, großen Schaden anzurichten!" Er bat den Mann, die Pistole wegzustecken.

„Das haben wir uns alle besorgt!", meinte der Mann. Er war angetrunken und roch nach billigem Schnaps. Als John nachfragte, meinte der Mann: „Alle aus unserem Schießclub haben sich so 'ne Knarre besorgt, Mann! Wir leben in einem freien Land, da kann ich machen, was ich will!"

„Nur so lange, wie sie niemanden gefährden!", erwiderte John ruhig.

Hugh stand unweit seines Vaters, bereit, notfalls einzugreifen.

Der Mann wedelte mit der Pistole herum und lud sie erneut. John stellte sich direkt vor den Mann und sprach mit ihm. Er drehte Hugh dabei den Rücken zu. Andere Leute waren nicht zu sehen, alle standen an den Absperrungen an der Parade. John sprach mit dem Mann. Dessen Haltung änderte sich plötzlich. Er wich vor John zurück, John folgte ihm. Hugh konnte Entsetzen in seinem Gesicht sehen. Der Mann reichte John die Waffe und wich zurück, drehte sich um und eilte davon.

Hugh trat zu seinem Vater. John war ruhig.

„Was war los?", erkundigte sich Hug.

„Wir haben nur geredet. Ich habe ihm klargemacht, dass eine solche Waffe viel Schaden anrichten kann! Da hat er sie mir freiwillig gegeben!"

Hugh glaubte ihm nicht, schwieg aber.

Die Parade zog an ihnen vorbei. Hugh und John standen unweit der Absperrungen und betrachteten das Spektakel. Veteranen defilierten an ihnen vorbei, bejubelt von den Massen. Der nachfolgende Wagen war als Panzer umgebaut worden.

Plötzlich piepten ihre Pager. Sie drückten die Knöpfe zur Bestätigung und eilten zum Wagen. Die anderen eilten auch herbei, einer trank den Becher Kaffee noch leer und warf ihn in einen Papierkorb. Alle stiegen in den Wagen. Mit Sirenen und Blitzlicht fuhren sie los.

Die wenigen Menschen auf dem Platz eilten davon. Der Fahrer lenkte den Wagen vom freien Platz auf die abgesperrte Straße, parallel zur Parade. Sie fuhren rasch die Avenue hinauf. Nur wenige Menschen waren hier zu sehen. Einige Polizisten winkten oder hoben die Hand zum Gruß. Nach wenigen Minuten erreichten Sie einen Wohnblock., der in hellen Flammen stand. Sie stiegen aus, der Leutnant teilte sie ein. Löschschläuche wurden ausgerollt und an Hydranten angeschlossen. In Zweierteams näherten sich die Löschmannschaften dem Gebäude.

Ein Polizist trat zu Leutnant Haynes.

„Die Irren haben hier Leuchtpistolen abgeschossen. Einige Patronen sind hier angeweht worden und haben die Papiertonne vor dem Gebäude in Brand gesetzt. Hier ist eine Firma für Schmiermittel. Draußen gelagerte Behälter gerieten in Brand, liefen aus, das Feuer breitete sich rasend schnell aus. Die meisten Anwohner waren bei der Parade. Als man das Feuer bemerkte war es fast schon zu spät. Im Erdgeschoss ist der Bereich der

Firma, ab 1. OG sind hier Mietwohnungen. Einige Menschen sind wohl noch drinnen!"

Haynes nickte und rief John und Hugh zu sich, die gerade Material nach vorne trugen.

„Hier auf der linken Seite ist das Gebäude noch nicht in Flammen. Steigt hier bis ins oberste Geschoss und sucht nach Verletzten oder Eingeschlossenen und gebt uns über Funk Bescheid!"

Die beiden nickten und eilten nach links. Die Tür war abgeschlossen. Mit einem kleinen Beil schlug John das Fenster ein und entriegelte dann von innen die Tür. Hier im Erdgeschoss war vom Feuer nichts zu spüren. Sie setzten ihre Atemmasken auf und prüften den Sprechfunk. Verständigung mit Haynes war klar und deutlich.

Sie stiegen die Treppenstufen hinauf. Im 6. Stock angekommen öffneten sie die Tür zum Gang, an dessen beiden linker Seite Wohnungen lagen. Sie trennten sich, John eilte ans Ende. Sie klopften an alle Türen, gaben sich als Feuerwehrleute zu erkennen und riefen die Einwohner auf, nach draußen zu treten. Niemand reagierte. Schon wollten sie nach unten, als aus einem der Räume eine Kinderstimme fragte, was los sei.

„Junge, ist Deine Mutter da?", fragte John.

„Ich bin allein zuhause!"

„Komm raus, das Haus brennt!"

„Ich darf niemanden aufmachen, wenn meine Mutter nicht da ist!"

„Das Feuer....!", begann Hugh

„Geh von der Tür weg!", rief John und sprang mit Anlauf gegen die Tür. Beim zweiten Mal gab die Tür nach und flog auf. Vor ihnen stand ein kleiner Junge, etwa 5 Jahre alt, in Schlafanzug. Er war völlig verängstigt, umklammerte ein Stofftier.

„Wie heißt Du, Junge!", rief John.

„James…!" stammelte der Junge.

„Bist Du allein hier?" Er nickte. John beglei-
tete ihn in sein Zimmer, damit er eine Hose über
den Schlafanzug anzog, eine Jacke, seine Schuhe.
Hugh teilte Haynes über Funk mit, dass sie in der
6. Etage einen Jungen gefunden hätten und ihn
nach unten bringen würden. Sanitäter sollten auf
ihn warten. Für alle Fälle. Dann schnell auf den
Gang. John und Hugh gingen in die 5. Etage. Dort
trennten sie sich. John betrat den Flur, um die
Anwohner zu warnen, Hugh brachte James nach un-
ten. Vor der Tür warteten zwei Sanitäter, die den
Jungen aufnahmen.

Er eilte die Stufen wieder hinauf. John kam
ihm von den Wohnungen in der 5. Etage entgegen.

„Dort ist niemand!", sagte er und wies nach un-
ten.

Sie stiegen die Treppe hinab und betraten den
Flur in der 4. Etage. Haynes meldete sich über Funk.

„John, Hugh, Hayes hier. Die Fässer sind außer
Kontrolle geraten. Der Feuer breitet sich im an-
grenzenden Gebäudebereich rasend schnell aus. Be-
eilt Euch mit der Suche und dann nichts wie raus
da!"

Draußen hörten Sie laute Explosionen, das Haus
wurde durchgeschüttelt.

„Beeilung!", rief Hugh.

Sie hämmerten gegen die Türen. Niemand öff-
nete. Am Ende des Ganges gab es eine Tür, die in
den angrenzenden Bereich führte. Hier war ein
großer Raum, eine Art Abstellkammer, voller
Stühle und Tische, zum großen Teil abgedeckt. John
eilte ans Fenster und sah hinab. Das Feuer hatte
sich im Erdgeschoss weiter ausgebreitet, durch die

Hitze waren die Fenster geborsten und die Feuer leckten an der Hauswand empor. Er betrachtete die Flammen, die langsam die Fassade hinaufkrochen.

Hugh packte John am Arm und drehte ihn herum. „Los, machen wir, dass wir rauskommen!"

Sie eilten zurück zum Gang, an den Türen vorbei, zur Treppe.

Im 3. Stockwerk taumelte ihnen eine Frau entgegen. Sie war durch die lauten Explosionen geweckt worden und trug noch ihren Schlafanzug und Haus-schuhe. Sie schreckte zurück, als die beiden Männer ihr entgegentraten.

„Was ist hier los?", rief sie angsterfüllt.

„Das Haus brennt! Wir bringen Sie in Sicherheit!", sagte John ruhig.

Die Frau schüttelte den Kopf.

„Ich...ich muss mich noch anziehen, meine Kanarienvögel...!"

Sie drehte sich um. John packte sie am Arm. „Wir müssen jetzt raus! Vergessen Sie ihre Kanarienvögel!"

Sie wollte sich losreißen und tobte, da packte John ihre Arme, brachte sein Gesicht nahe an ihres und sagte leise: „Wollen Sie leben oder lebendig verbrennen?"

Die Frau blickte in seine Augen, zuckte zusammen und ließ sich von John führen. Sie brach zusammen, John hob sie hoch.

„Geh runter und schau nach, dass der Weg frei ist!", rief er Hugh zu.

Hugh hastete die Treppe hinab, nahm mehrere Stufen auf einmal. Unten im Erdgeschoss öffnete er die Haustür. Er winkte den Sanitätern zu, als links von ihm eine Explosion ertönte. Er wurde beinahe von den Beinen gerissen, konnte sich am

Türrahmen festhalten. Eine Stichflamme fuhr die Fassade hinauf. Er drehte sich um. Aus dem 1. Obergeschoss, dort wo sich die Wohnungen im Flur befanden, fegte eine Feuerlohe ins Treppenhaus. Hugh schrie auf und bewegte sich die Treppe hinauf. Überall brannten die Wände, die Decken. Er sah hinauf, entdeckte zwischen den Rauchschwaden seinen Vater. Er trug eine Frau, die bewusstlos zu sein schien. John legte die Frau auf den Boden und zog die Jacke aus. Dann zog er der Frau die Jacke an. Er hob die Frau hoch, drückte sie eng an sich und hastete die brennende Treppe hinunter. Seine Kleidung fing Feuer, die Flammen leckten an seiner Hose, die feuerfest war. John erschien Hugh wie ein Schatten, als er durch die Flammen schritt. Hugh kam ihm entgegen, nahm ihm die Frau ab. John blieb vor Hugh stehen. Seine Arme brannten. Hugh brachte die Frau nach draußen, wo die Sanitäter warteten und eilte zurück ins Haus, weil sein Vater ihm nicht gefolgt war. John stand noch immer, wo er ihn zurückgelassen hatte. John klopfte sich die Flammen auf den Armen aus und stand gelassen da. Hinter ihm tobte das Inferno.

„Los, wir müssen raus!", rief Hugh und packte seinen Vater am Arm.

Dieser riss sich los und nahm seinen Helm ab. Das Gesicht war durch die Hitze angeschwollen, an der linken Wange hatte er eine Brandverletzung.

„Ich bleibe!", sagte er.

John hob den Blick und sah Hugh direkt in die Augen. Hugh sah in feuerrote Augen, so rot wie das Feuer um ihn herum.

Er wich einen Schritt zurück.

„Was...?"

John lächelte. Er zeigte Hugh seine Unterarme mit den Brandverletzungen. Er drehte sie und während er dies tat, verschwanden die Brandverletzungen, so als wären sie nie dagewesen.

„Wir sind Feuerwesen, John. Seit Anbeginn der Zeit leben wir hier auf der Erde und begleiten die Menschen. Es gibt Luftwesen und Feuerwesen. Die Luftwesen haben Flügel zumeist, sie zieht es in den Himmel. Uns zieht es zum Feuer. Die meisten von uns arbeiten bei der Feuerwehr oder ähnlichen Jobs!" John sprach ruhig, achtete nicht auf die Flammen. Irgendwo über ihnen brach eine Treppe zusammen, Trümmer fielen eine Etage tiefer. John blickte nach oben. Seine Brandwunden verschwanden. Er sah Hugh an, seine roten Augen leuchteten.

„Du hast die Gabe auch, deswegen bist Du zur Feuerwehr gegangen!"

Hugh packte seinen Vater am Arm.

„Los, lass uns gehen!", sagte er.

John schüttelte die Hand sb und wies nach oben.

„Ich bleibe hier, das ist meine Welt!"

Eine erneute Explosion warf sie fast um. Feuer regnete auf sie. John stieß Hugh die Treppe hinab. Hugh taumelte bis an die Tür und stieß sie auf. Als er sich umdrehte, stand John auf der Treppe und winkte ihm zu. Dann schlossen ihn die Flammen ein. Hugh schrie und wollte schon wieder in das Gebäude, doch zwei Kollegen rissen ihn zurück, drängten ihn weg vom Haus und drückten ihn zu Boden.

Einer sah ihm direkt in die Augen.

„Lass es, Hugh! Es ist zu spät!"

Hugh beruhigte sich. Langsam stand er auf. Die beiden Kollegen blieben bei ihm, falls er doch noch in das brennende Gebäude laufen wollte. Hugh musste die Jacke auszuziehen, die an vielen Stellen vom Feuer zerstört worden war.

Seine Haut zeigte Brandblasen und Verbrennungen. Der Sanitäter gab ihm eine Spritze und half ihm hoch. Leutnant Haynes trat zu ihnen. Er hielt Hugh fest.

„Ich habe gehört, dass John in den Flammen geblieben ist! Das tut mir unendlich leid, Hugh! Ich kann Dir gar nicht sagen, wie sehr ich Deinen Vater bewundert habe. Du wirst erstmal ins Krankenhaus gebracht. Dort ergibt sich dann alles weitere."

Er nickte den Sanitätern zu, die ihn zum Krankenwagen brachten. Auf dem Weg besah sich Hugh unauffällig seinen linken Unterarm. Die Brandverletzungen gingen bereits zurück.

Am Krankenwagen blieb er stehen und drehte sich zum hellauflodernden Feuer um, das das Haus verschlang. Er vermeinte, einen Schatten im obersten Stockwerk zu sehen, der zwischen dem Feuer tanzte.

Das Feuer ...

Wie schön und warm und lebendig es doch war...

Dann lächelte er.

Drei Männer

Die drei Männer betraten die Stadt durch das Südtor. Sie trugen weite Kleidung und Stöcke bei sich, an denen Kalebassen mit Wasser hingen. Sie blieben am Tor stehen und schauten sich das bunte Treiben in den Straßen an. Händler boten lautstark ihre Waren an, Menschen scharten sich um die Stände, Straßenkinder versuchten Obst zu stehlen. Eine Sänfte wurde vorbeigetragen, Sklaven gingen vor der Sänfte her und vertrieben die Menschen mit leichten Stockhieben. Soldaten drängten sich durch die Menge. Sie trugen bronzene Harnische, bronzene Helme und hielten Speere in Händen. Es roch nach gebratenem Fleisch, Obst, menschlichen Ausdünstungen und über allen schwebte das laute Wirrwarr von fremden Zungen.

„Wo finden wir ihn?", fragte der größte der drei Männer.

„Wohl im neuen Tempelbereich!", sagte der zweite. „Die Israeliten haben begonnen, hier Tempel aufzubauen. Die Babylonier und Chaldäer lassen sie weitgehend in Ruhe."

Er wandte sich an den dritten.

„Abbadan, was sagen die Geräte?"

Der Angesprochene trat einen Schritt zur Seite und holte aus der weiten Kleidung einen Apparat mit kleinem Monitor. Er hielt ihn so, dass nur die ihn umgebenden Männer ihn sehen konnten. Auf dem Monitor erschien der Grundriss der Stadt, von Satelliten aufgenommen. Er zoomte den Bereich heran, wo drei rote Punkte leuchteten. Dann zoomte er raus und suchte nach dem Tempelbereich. Dort zoomte er wieder hinein und tippte auf einen der Tempel.

ROUTE hierher? erschien auf dem Bildschirm.

Er bestätigte und die drei roten Punkte und der ausgesuchte Tempel wurden durch eine rote Linie entlang den Straßen verbunden. Dann wies er die Richtung und die drei Männer gingen los. Sie drängten sich durch die Massen und achteten darauf, nicht in Unrat oder Kot zu treten. Händler versuchten ihnen Waren aufzuschwatzen. Sie wehrten dankend ab und gingen weiter.

Die Straße endete an einem Platz. Links und rechts standen Bäume und boten Schatten vor den Strahlend der Frühlingssonne. Am gegenüberliegenden Ende standen mehrere kleine Tempel. Ein größerer – im Bau begriffen – erhob sich dahinter. Sie überquerten den Platz und gingen zu den Tempeln. Menschen brachten Opfergaben zum Tempel: Hühner, Ziegen, manche sogar Kühe. Die Tiere wurden an die Seiten des Tempels gebracht, wo sie von Tempeldienern in Empfang genommen wurden. Die Tempeldiener fragten nach dem Namen des Spenders und nach seinem Anliegen. Dann führten sie die Tiere durch den äußeren Säulengang in den Tempelbereich. Der innere Bereich bestand aus einem weiteren Säulengang, der mit Tüchern verhangen war. Dahinter traten die Diener mit den Opfertieren. Rauch stieg auf und es roch nach verbranntem Fleisch.

Händler in der Nähe der Tempel boten Opfertiere und wohlriechende Kräuter und Pflanzen an. Leute standen davor und begutachteten die Tiere und die Waren. Hier an den Tempeln waren nur Männer zu sehen. Es waren vor allem Israeliten, die Nebukadnezar aus Jerusalem verschleppt hatte. Hier versuchten sie sich eine neue Existenz aufzubauen. Die Babylonier ließen sie so lange gewähren, wie sie deren Macht nicht herausforderten. Vor einigen Wochen waren Soldaten der Babylonier in einer Gasse beim nächtlichen Wachegehen überfallen und getötet worden. Als Strafe hatten die Babylonier dreißig Juden – Männer, Frauen und Kinder – zusammengetrieben und im nahen Fluss ertränkt. Dann war wieder Ruhe eingekehrt.

Die drei Männer kauften Hühner als Opfertiere und gingen mit diesen zum nahen Tempel. Ein Diener erschien und fragte nach ihren Namen und ihrem Begehr.

„Unsere Namen sind nicht wichtig. Wir möchten dem Gott unsere Gaben spenden. Nehmt sie an im Namen aller Juden und opfert sie."

Der Diener nickte und nahm die drei Hühner entgegen. Schon wollte er sich abwenden als der größte der drei Männer ihn ansprach.

„Sag, Freund, wir suchen jemanden aus Jerusalem. Wir haben gehört, dass er hier in der Nähe wohnt."

Er nannte den Namen. Der Tempeldiener überlegte und wies dann auf einen weiteren kleinen Tempel.

„Fragt dort nach. Ich glaube, er ist dort als Priester tätig!"

Die drei dankten ihm und gingen langsam davon. Sie gingen zum angegebenen Tempel und erstanden auch dort wieder Opfertiere. Sie warteten, bis keine Pilger vor dem Tempel waren und traten hinzu. Ein Tempeldiener erschien und nahm ihnen die Tiere ab. Sie erkundigten sich nach dem Mann und der Diener nickte.

„Ja, er ist hier. Ich werde ihm Bescheid geben! Geduldet Euch und wartet hier!"

Er ging mit den flatternden Hühnern davon. Die drei Männer stellten sich auf die Straße. Sie beobachteten die Umgebung. Jetzt, zur Mittagszeit, stand die Sonne hoch am klaren Himmel. Es war ein warmer Tag. Eine leichte Brise wehte durch die offene Stadt und sie genossen die Kühle auf ihren Gesichtern. Abbadan holte eine Kette aus seinem weiten Mantel und reichte sie dem Großen. Der prüfte die Kette und reichte sie dann dem dritten, der sie in eine Tasche seines Mantels gleiten ließ.

Nach einer halben Stunde erschien ein würdevoll aussehender Mann in der Kleidung eines Priesters.

„Seid ihr diejenigen, die mich sprechen wollten?" erkundigte er sich.

Sie fragten nach seinem Namen.

Der dritte Mann trat eng an ihn heran. „Wir bringen Dir frohe Kunde, Freund! Der Herr hat Dich auserwählt, sein Werk zu verbreiten. Wir sind nur die Diener des Herren. Du aber sollst seine Herrlichkeit erleben!"

Der Mann sah den Sprecher erstaunt an.

„Fremder, woher kennst Du meinen Namen und weißt, dass ich hier Priester bin?"

„Wir wissen, wer Du bist und was Du bist. Sonst wären wir nicht hier!"

Er überreichte dem Mann die Kette. „Nimm dies als Zeichen der Verbundenheit mit unserem Gott. Er wird Dich leiten und immer da sein für Dich. Große Wunder wirst Du erleben!"

Als der Mann zögerte, legte der Sprecher dem Mann die Kette am und nestelte an dem Stein in der Mitte der Kette.

„Das hier darfst Du niemals ablegen. Mit dieser Kette wird Gott Dich finden und Wunder an Dir tun!"

„Was…?"

„Sei in drei Tagen zur Mittagszeit am Fluss Kebar, auf der flachen Ebene oberhalb der Fluss- biegung. Und Du wirst Gottes Herrlichkeit schauen, Freund! Du bist auserwählt"

Der Mann schaute ihn immer noch erstaunt und ungläubig an.

„Wer…wer seid Ihr?"

„Nur Boten! Habe keine Angst. Sei einfach in drei Tagen zur Mittagszeit am angegebenen Ort!"

Die drei wandten sich ab und gingen davon. Der Mann wollte ihnen nach, doch der Große bedeutete ihm, fernzubleiben. Und der Mann blieb am Tempel zurück.

Die drei Männer verließen die Stadt und er- reichten eine kleine Schlucht. Hier stand ihr Gleiter. Sie prüften, dass niemand in der Nähe war und flogen davon.

Und es geschah im 30. Jahr, im 4. Monat, am 5. des Monats, als ich inmitten der Weggeführten war, am Fluss Kebar, da taten sich die Himmel auf, und ich sah Gesichte Gottes.

Hesekiel 1,1

Raimondo

Mühsam kamen die Männer auf die Beine. Sie lagerten am Ende einer Mole, an der mehrere große Kauffahrerschiffe vertäut lagen. Die Segel der Schiffe waren eingerollt und festgezurrt. Das Schiff direkt vor ihnen war bereit abzulegen. Lauer Wind bauschte das große Segel, Takelage und Planken knarrten. Matrosen standen an Deck und sahen auf die Menge hinab.

Es waren etwa zwei Dutzend Männer, vom Jungen bis zum gebeugten Greis. Zwei stachen aus der Menge hervor. Der eine war alt und gebrechlich, sein langer weißer Bart reichte ihm bis auf die Brust hinab. Er trug abgetragene Kleidung, eine Mütze mit weiter Krempe bedeckte sein Gesicht. Die Gestalt neben ihm überragte den Größten aus der Gruppe um mehr als einen Kopf, dabei war er auch außerordentlich kräftig. Ein breitkrempiger Hut verdeckte sein Gesicht.

„Rabbi Salomon!" wandte sich einer der Männer an den Weißhaarigen.

„Schscht!", raunte der Rabbi, und der andere verstummte. „Wollt ihr uns alle aufs Schafott bringen, Abraham? Die Schergen des Königs suchen auch hier in Sevilla nach flüchtigen Juden! Wollt Ihr auch auf dem Scheiterhaufen sterben wie die anderen? Seid wachsam! Unsere Frauen sind gerettet, jetzt ist es an uns!"

Abraham senkte den Blick und half einem Greis auf die Beine, der mühsam nach einem Rucksack und Beutel griff. „Danke, Abraham!" dankte der Greis, ergriff Abrahams Arm und erhob sich. Als er nach dem Beutel griff, klirrte es darin. Er sah zum Rabbi und hob die Faust gen Himmel.

„So viele Jahre war uns Spanien eine gute Heimat, und jetzt müssen wir fliehen wie streunende Hunde! Möge Gott König Karl verfluchen!"

„Haltet Eure Zunge im Zaum, Meister Israel! Habt Ihr das Autodafé vergessen? Wollt Ihr auch zur Belustigung des spanischen Pöbels am Galgen tanzen?"

Meister Israel schüttelte den Kopf. Er erinnerte sich an die abgewürgten Schreie der ausgemergelten Gestalten, die unter dem lauten Rufen der vielköpfigen Menge ihr Leben am Galgen aushauchten.

Rabbi Salomon hatte seine Gruppe durch die Stadt führen müssen, damit sie Proviant erstehen konnten. Dabei waren sie den Menschen gefolgt, die sich auf dem Marktplatz sammelten. Dort waren die Verurteilten in einem Wagen direkt vor der Gruppe vorbeigezogen worden. Sie wurden angespuckt, mit Schlamm, Kot und faulem Obst beworfen. Sie alle hatten Schläfenlocken, die Hände an den Stäben des Wagens geklammert wiesen Folterspuren auf. Verfilztes Haar, verlorene Gesichter, dunkle Augen. Die Menschen wurden von den Wagen gezerrt, Männer, Frauen und auch Kinder. Sie wurden von Männern an die Galgen gezerrt und aufgeknüpft, einer nach dem anderen.

„Tanzt! Tanzt ihr Judenpack!" hatte die Menge gerufen, als die Gehenkten sterbend nach grundlosem Grund austraten.

Niemand sollte so sterben müssen.

Sie hatten sich abgewandt und verließen unauffällig den Marktplatz. Die Wachposten an den Stadttoren hatte ihre Posten verlassen, um dem

Schauspiel beizuwohnen. Die Menge schrie jedes Mal laut auf, wenn jemand gehenkt wurde.

Die Schreie verfolgten sie bis zum Stadtrand.

„Wir haben bislang Glück gehabt!" meine Israel. „Dank sei Gott und Euch, Salomon! Ohne Euch und Raimondo hätten wir es nie hierhergeschafft!"

Er sah flüchtig zum Riesen, der unbeweglich neben Salomon stand. „Ohne Raimondo hätten uns die Räuber vorgestern den Garaus gemacht!"

Plötzlich waren die Räuber aufgetaucht, bewaffnet mit Dreschflegeln und Messern. Sie waren vor der Gruppe aus dem Gebüsch gesprungen und verlangten all Ihr Hab und Gut.

„Lauft!", rief Salomon. Die Leute waren den Weg zurückgeeilt, den sie gekommen waren.

Die Räuber waren ihnen nachgestürzt. Raimondo trat den bewaffneten Schergen entgegen. Israel und die anderen hörten hinter einer Wegbiegung das wilde Geschrei der Räuber, die zu Schmerzens- und Todesschreien wurden. Wenig später war Raimondo wieder aufgetaucht, mit blutverschmiertem Umhang.

Die Gruppe kehrte daraufhin um und erreichte den Ort des Überfalls. Sie stiegen schaudernd über die getöteten Räuber. Viele waren verstümmelt, Gliedmaßen fehlten, zerquetschte Köpfe.

Ein Matrose erschien an der Bordkante und wandte sich an die Gruppe.

„Guten Morgen, Reisende! Der Kapitän hat mich beauftragt, Euch an Bord zu rufen!" Er trug wie die anderen Matrosen knielange Hosen und ein ausgefranstes schmutziges Hemd. Im Gegensatz dazu war das Messer in seinem Gürtel blitzblank.

Die Gruppe stellte sich auf, jeder ergriff sein Bündel und machte sich bereit.

„Raimondo, hilf Meister Israel!", sagte Salomon. Wortlos griff Raimondo nach dem Bündel und lud es auf den Rücken. Mit der linken Hand hielt er einen großen Rucksack.

„Wie gut, dass Ihr bei uns seid, Raimondo!" lächelte Israel. Aus seiner Jacke holte er eine kleine Medaille. „Rebekka hat mich vor Ihrer Abfahrt gebeten, es Euch zu geben, Raimondo. Es gibt zwei davon. Sie hat das andere behalten." Er stand etwas verloren vor Raimondo. „Lasst es mich Euch um den Hals legen!" Raimondo beugte den Kopf zu Israel hinab. Dieser hatte einige Schwierigkeiten, das Medaillon um den kräftigen Hals des Riesen zu legen.

Raimondo sah auf der Bild hinab, das auf seiner Brust lag. Deutlich war das feine Bildnis eines jungen Mädchens zu sehen. Das dunkle Haar, die großen dunklen Augen. Er hatte sie auf seinen Schultern getragen, wenn sie während der Reise müde geworden war. Rebekka hatte ihm allerlei Geschichten erzählt, als sie auf seiner Schulter gesessen hatte. Sie deutete in alle Richtungen, beschrieb alles, was sie sah, lachte und schlang ihre dünnen Arme um seinen Hals.

Zu Essenspausen hatte er sie abgesetzt.

Vorgestern Morgen waren sie alle in Sevilla angekommen. Während die Gruppe im Wald außerhalb der Stadt wartete, waren Salomon und Abraham zum Hafen gegangen.

Wenige Stunden später waren sie zurückgekehrt. Die Männer und Frauen versammelten sich um ihn.

„Wir haben einen Kapitän gefunden, der uns nach Nordafrika übersetzen will. Er hat bereits andere Gruppe übergesetzt. Er hat uns mitgeteilt, dass wir als erstes unsere Frauen und einige Männer mitschicken sollten. Das wird keinen Verdacht erregen. Die Hin- und Rückfahrt dauert gut einen Tag. Das Schiff wird übermorgen früh wieder hier vor Anker liegen."

Der Vorschlag wurde angenommen. Rebekka hatte Raimondo gedrückt, dann war sie an der Hand ihrer Mutter winkend davongegangen. Raimondo hatte ihr zum Abschied gewunken. Die kleine Gruppe war in die Stadt hinabgegangen.

Von ihrem Platz aus konnten die Zurückgebliebenen einen Teil der Stadt übersehen. Gruppen von Soldaten mit langen Hellebarden bewegten sich durch die Gassen. Der König machte seine Drohung wahr. Er hatte den Juden eine Woche Zeit gegeben, Spanien zu verlassen oder sich zum Christentum bekehren zu lassen. Die meisten Juden hatten versucht, das Land zu verlassen. Im ganzen Land war es zu Ausschreitungen gegen Juden gekommen. Wütender Pöbel hatte die Judenviertel gestürmt und gebrandschatzt. Alles Wertvolle wurde davongetragen, die Häuser über den geschändeten Leichen angezündet. In Autodafés wurden zahlreiche Juden unter Gejohle der Menschen hingerichtet. Selbst vor Kindern und Säuglingen machte man nicht halt. Der Blutrausch überschwemmte das Land. Die Leichen der getöteten Juden wurden in Massengräbern weit außerhalb der Stadt verscharrt. Ihre Häuser und Einrichtungen geplündert und gebrandschatzt.

Am späten Nachmittag waren Salomon, Abraham und Gideon aus der Stadt zurückgekehrt.

„Alles in Ordnung. Die Frauen und Daniel, Schlomo, David und Javier haben gegen Mittag abgelegt. Wir haben uns in den Gassen vor den Soldaten versteckt. Sie durchsuchen die Gassen. Mit dem Kapitän habe ich abgesprochen, dass wir gegen Morgengrauen direkt an der Mole warten werden. Er wird uns aufnehmen und sofort wieder ablegen. Je kürzer wir an der Reede liegen, desto besser. Der Kapitän kennt den Hafenkommandanten und wird sich um alles kümmern. Wir bleiben die Nacht über hier und gehen am Morgen in die Stadt hinab."

Die Matrosen halfen den Männern an Bord des Schiffes. Die breite Planke knarrte unter dem Gewicht Raimondos. Ein Matrose, der direkt an der Reling stand und ihm helfen wollte, schaute kurz in dessen Gesicht und trat zurück. Er bekreuzigte sich und eilte zum Heck des Schiffes.

Der Kapitän trat auf die Gruppe zu. Er war mittelgroß, breitschultrig, mit einem Vollbart und funkelnden Augen. Er trug einen Säbel und mehrere Pistolen in seinem breiten Ledergürtel.

„Willkommen an Bord der 'Arabella'!", rief er und breitete die Arme aus, als wollte er die Gruppe umarmen. „Mein Name ist Gaetano. Ich bin der Kapitän dieser Karracke. Wir legen gleich ab. Gehen Sie bitte gleich unter Deck, damit wir weniger Aufmerksamkeit erregen. Meine Männer bringen Ihnen Wein, Wasser und Brot. Solange Sie hier an Bord der 'Arabella' sind betrachten Sie sich als unsere Gäste. Ihre Frauen und Kinder haben wir sicher auf die andere Seite gebracht. Bald werden Sie mit ihnen zusammen sein!"

„Die Kerle gefallen mir gar nicht, Meister!", raunte Abraham Rabbi Salomon zu.

„Mir auch nicht! Aber eine bessere und schnellere Möglichkeit nach Nordafrika zu kommen konnte ich nicht finden. Unsere Frauen und Kinder sind bereits dort. Wir sind morgen wieder bei Ihnen! Das alleine zählt!", meinte Salomon.

Abraham nickte und folgte den anderen, die von einem Matrosen unter Deck geleitet wurden. Sie traten durch eine massive Tür. Raimondo musste sich bücken, um hindurchzutreten. Der Raum dahinter war dunkel und eng. Die Männer ließen sich auf den Boden fallen.

Der Matrose verließ die Männer. Wenig später traten mehrere Matrosen durch die Tür, die Brot, Obst und Wasser verteilten. Schweigend aßen und tranken die Männer. Alle dachten an Ihre Familien, die bereits in Nordafrika weilten und auf sie warteten.

Sie hörten laute Befehle und spürten, wie das Schiff ablegte und langsam an Fahrt gewann. Die Luft im Raum war stickig und verbraucht. Mehrere Tage hatten sich die Männer nicht gewaschen.

Raimondo stand regungslos in einer Ecke und betrachtete das Medaillon um seinen Hals. Noch nie hatte er etwas geschenkt bekommen. Er war auch erst kurz bei Meister Salomon. Er ließ das Amulett los, als einer der Matrosen an der Tür erschien und nach dem Anführer der Gruppe fragte. Rabbi Salomon meldete sich. Er verließ den Raum, gefolgt von Raimondo. Der Matrose brachte Sie zum Kapitän, der am Bug lehnte und hinaus auf das weite Meer sah. Als er die Besucher bemerkte, wandte er sich ihnen zu. Salomon hatte Gelegenheit, Gaetano zu betrachten. Dieser trug einen Ohrring im linken

Ohr und hatte eine lange Messernarbe an der linken Wange. Gefühlsmäßig misstraute Israel dem Mann, auch wenn dieser sehr freundlich zu ihm war.

„Señor Gonzalez, oder wie immer sie heißen, wir können offen reden. Hier herrscht nicht das Gesetz des Königs. Hier an Bord meines Schiffes bin ich der König!"

Salomon musterte den Mann ruhig.

„Wir sind nur auf die sichere Überfahrt erpicht. Wir wollen zu unseren Frauen und Kindern!"

„Wir bringen sie dorthin, damit sie wieder mit Ihren Liebsten vereint sind!" Gaetano lächelte. Er streckte Israel die Hand entgegen.

„180 Goldstücke waren ausgemacht. Die Hälfte bei Antritt der Fahrt, die andere Hälfte beim Erreichen des Zieles." Das Lächeln war von Gaetanos Gesicht verschwunden.

„Die Hälfte!"

Salomon schüttelte den Kopf. Er entnahm seinem langen dunklen Mantel einen Lederbeutel. „Wir hatten abgemacht, dass wir ein Drittel der Summe im Voraus entrichten. Nicht mehr. Hier ist der abgemachte Teil!" Er legte den Geldbeutel in Gaetanos offene Hand und steckte den Beutel wieder ein.

Für einen Augenblick glaubte Salomon, dass Gaetano über ihn herfallen würde, um auch den Rest des Geldes zu erhalten. Doch dieser lächelte nach wenigen Momenten wieder freundlich.

Gaetano wies auf Raimondo. „Wie es scheint, haben Sie jemanden, der sie während der gefahrvollen Reise beschützen konnte. Ich habe noch nie einen solchen Riesen gesehen. Man hört so viel von Räubern. Vor allem jetzt, wenn viele Menschen an die Küste wollen."

Er sah zu Raimondo hoch, dessen Gesicht im Schatten des breitkrempigen Schlapphutes lag.

„Wie heißt Du, Mann?"

Raimondo schwieg.

„Raimondo!", antwortete Salomon für ihn. „Raimondo spricht nicht!"

Gaetano schlug Raimondo auf den Oberarm und hielt sich die Hand. „Trägt Raimondo ein Kettenhemd unter dem Wams?"

Gaetano massierte seine Finger. Als niemand antwortete, wies er Israel an, wieder in den Raum unter Deck zu gehen und sah den beiden hinterher. Der Matrose neben Gaetano sah den Kapitän fragend an. Dieser schüttelte den Kopf.

Am Abend verließen die Männer den engen Raum, um sich die Beine zu vertreten. Die Matrosen waren dabei, die Segel zu reffen.

Gaetano trat an die Gruppe. „Wir werden gleich eine Stelle erreichen, an der wir gewöhnlich ankern. Wir haben bereits mehr als die Hälfte der Strecke hinter uns gebracht. Im Morgengrauen geht es weiter. Bis gegen Mittag sind wir dann in Nordafrika!"

„Meine Männer werden ein kleines Fest feiern. Ihr seid herzlich dazu eingeladen!"

Die Matrosen brachten ein Weinfass nach oben und begannen einen Hammel zu braten. Sie tranken und lachten und sangen.

Die Gruppe saß abseits an der Reling. Die Männer unterhielten sich leise.

Ein Matrose, der bereits stark angetrunken war, torkelte auf die Männer zu und hielt ihnen einen Krug mit Wein entgegen.

„Trinkt mit mir, Männer! Trinkt!"

Als keiner Anstalten machte, den Krug entgegenzunehmen nahm der Matrose einen heftigen Schluck, Wein rann sein Kinn hinab und befleckte das schmutzige Hemd.

„Trink!" befahl er und hielt Salomon den Krug hin. „Trink!"

Salomon wehrte ab. „Nein, Danke! Wir trinken keinen Wein!"

„Trink, Jude!"

Er drückte Salomon den Krug ins Gesicht.

Raimondo packte den Matrosen und schleuderte ihn gegen die Reling. Der Krug zerbrach. Raimondo hatte den Kittel des Mannes festgehalten, so dass dieser beim Stoß zerriss. Eine Halskette fiel zu Boden. Raimondo bückte sich und hob sie mit seinen großen Fingern auf und erkannte, dass es die gleiche war, wie die, die er um seinen Hals trug.

Der Matrose versuchte ihm die Kette zu entreißen. „Laß los, verdammter Jude! Das ist meine Kette!"

Er holte ein langes Messer aus seinem Gürtel. Weitere Matrosen sprangen auf und eilten herbei.

„Meine Kette!", rief der Matrose und griff erneut nach der Kette in Raimondos linker Hand. Als das nicht gelang, stieß er mit dem Messer zu. Das Messer drang in Raimondos Seite. Dieser schien den Stich nicht zu merken. Er packte den Unterarm des Matrosen mit der rechten Hand und drückte. Deutlich war das Brechen der Knochen zu vernehmen. Der Matrose heulte auf, hielt sich den verletzen Arm. Raimondo zog das Messer aus seiner Seite und warf es über Bord.

„Rebekka!", sagte er.

Seine Stimme war tief und er sprach langsam, als müsste er die Buchstaben erst suchen.

„Wir haben die Kleine zur Frau gemacht, bevor wir sie über Bord geworfen haben wie die anderen!", rief ein Matrose, lachte kurz auf und sprang auf Raimondo zu.

Dieser steckte die Kette in sein Wams und trat dem Angreifer entgegen. Mit der linken Hand ergriff er den Arm des anderen, die Finger der rechten Hand legten sich um den Hals des Matrosen. Als er zudrückte, lief das Gesicht des Mannes rot an. Raimondo hob den Mann mühelos vom Boden hoch. Seine Füße zappelten in der Luft. Vergeblich versuchte er sich aus dem Klammergriff zu befreien. Raimondo brach ihm das Genick, als wäre es ein Strohhalm und warf den Toten achtlos beiseite. Alle anderen Matrosen waren inzwischen aufgesprungen und stürmten mit Messern und Äxten auf die Gruppe los.

Der Kapitän erschien an Deck. Seine Männer bedrängten die Juden.

„Schlagt sie alle tot wie die anderen und werft sie anschließend über Bord!", rief er seinen Matrosen zu.

Die Matrosen erstachen einen Juden, rissen seine Kleidung auf, rafften an sich was sie konnten, und warfen die Leiche über Bord. Die anderen Juden flohen ans Heck, verfolgt von den Matrosen. Mehrere versuchten Raimondo zu erstechen. Einer schlug die Axt in seine Brust. Bevor er sie herausziehen konnte, tötete ihn Raimondo. Er zog die Axt aus der Brust, drehte sie herum und spaltete mit ihr einem Matrosen den Kopf bis zu den Zähnen. Dann folgte er den anderen.

Raimondo packte die Matrosen rückseitig und tötete. Einer der Matrosen schlug ihm den Hut vom Kopf. Als er in dessen Augen sah schrie er auf und versuchte sich dem Griff zu entwinden. Aber Raimondo hob ihn mühelos hoch. Der Mann trat heftig aus, schlug Raimondo ins Gesicht. Farbe verwischte. Bevor der Mann aufhörte zu leben erkannte er, dass Raimondos Augen nur aufgemalt waren.

Die wenigen verbliebenen Matrosen zogen sich schließlich vor Raimondo zurück. Der Kapitän stelle sich an ihre Spitze, zog seine beiden Pistolen und schoss sie auf Raimondo ab. Deutlich waren die Einschläge im Wams zu sehen.

Raimondo trat vor den Schützen, der verzweifelt versuchte seine Waffen wieder zu laden. Mit einem raschen Griff packte Raimondo Gaetano und hielt ihn hoch.

„Halt, Raimondo!", rief Salomon. Er trat an Raimondo heran. Aus einer Wunde an Salomons Oberarm tropfte Blut.

„Gaetano, was ist mit den anderen passiert?"

Gaetano schwieg. Raimondo brach ihm das linke Schlüsselbein.

„Wir haben die anderen hierhergebracht und über Bord geworfen!"

„Alle? Auch die Kinder?"

„Alle! Die hätten uns sonst verraten!"

Salomon sah in das schmerzverzerrte Gesicht Gaetanos. Er hing wie eine Spielzeugpuppe in Raimondos Armen.

Raimondo sah zu Salomon hinab. Dieser nickte und wandte sich ab.

„Rebekka!", drang es aus Raimondo.

Gaetano schrie und schrie.

Als Salomon sich wieder umwandte, konnte er Raimondo menschliche Gliedmaßen über Bord werfen sehen.

Die restlichen Matrosen drängten sich am Bug zusammen. Salomon trat ihnen entgegen, Raimondo an seiner Seite.

„Ihr werdet das tun, was ich Euch sage. Ansonsten wird Raimondo Euch alle wie den Kapitän töten! Werft zuerst Eure Waffen über Bord!"

Die verbliebenen sechs Matrosen gehorchten. Der Tod des Kapitäns hatte ihren Widerstandswillen gebrochen Sie warfen auch die getöteten Kameraden über Bord. Zwei verletzte Matrosen ließ Salomon verbinden. Die Matrosen wurden in den Raum gesperrt. Raimondo stellte sich die Nacht über vor die Tür.

Am nächsten Morgen ließ Salomon die Matrosen die Segel setzen. Der Wind bauschte die Segel und ließ das Schiff rasch durch die Wellen gleiten. Nach wenigen Stunden war eine Felsküste erkennbar. Nasch Rücksprache mit dem Steuermann ließ Salomon das Schiff die Küste hochfahren. Bald erreichten Sie eine kleine Bucht, in der sie anlegten.

Salomon rief die Matrosen zusammen.

„Wir befinden uns etwa 5 Meilen südlich von der Stelle, an der wir landen wollten. Wir verlassen nun das Schiff. Ihr bleibt gefesselt zurück! Nach wenigen Stunden werdet Ihr Euch befreit haben."

Raimondo half den anderen von Bord zu kommen. Am Ende der Strickleiter war das Beiboot befestigt. Die anderen Juden saßen bereits auf den Ruderbänken, ihre Habseligkeiten zwischen sich. Israel war der letzte.

„Rebekka!" murmelte Raimondo und half Salomon über die Reling.

Für einen Augenblick blieb Salomon stehen und sah Raimondo an. Dort wo die Augen aufgemalt gewesen waren, glänzte Lehm. An der Stirn war deutlich der Schriftzug „EMETh" (hebräisch für Wahrheit) zu sehen.

Salomon nickte.

Raimondo drehte sich um und ging auf die Kabine zu, in der die gefesselten Matrosen lagen. Die Juden ruderten noch nicht los. Sie hörten wilde Schreie vom Schiff.

Stille.

Schwere Schritte, das Aufklatschen von Körpern auf dem Wasser.

Ruhe.

Raimondo erschien an der Reling und ließ sich schwerfällig die Strickleiter hinab. Das Boot schaukelte. Niemand schaute Raimondo an, dessen Kleidung blutverschmiert war. Sie ruderten an Land. Dort machte sich die Gruppe auf zur nächsten Stadt.

Er

Wie lange er hier schon gelegen hatte, wusste er nicht mehr. Es konnte seit gestern oder seit 1.000 Jahren sein. Er wusste noch, dass er sich hier ins hohe Gras am Fuße des Hügels gelegt hatte, als der Fluss noch nahe zu seinen Füßen floss. Als er die Augen aufschlug, befand sich das Flussbett weit entfernt, einstige Hügel waren abgetragen. Siedler hatten Hütten gebaut, Felder angelegt. Er bemerkte den Rauch aus den Kaminen der strohgedeckten Hütten und Menschen, die sich zwischen ihnen und den Feldern bewegten.

Er wollte sich erheben und bemerkte einige starke Wurzeln, die ihn auf dem Boden festhielten. Eine breite schlängelte sich über seine breite Brust. Mühelos zerriss er sie und stand auf. Er schüttelte die Erde ab und bewegte die Gliedmaßen. Die warme Sonne schien vom Himmel und er genoss ihre Wärme auf seinem Körper.

Langsam setzte er wieder Fuß vor Fuß, vorsichtig, als würde er das Gehen wieder lernen. Er folgte dem Hügel und erreichte die ersten Felder. Die Menschen, die ihn sahen, hörten auf zu arbeiten und starrten ihn an. Er hob langsam eine Hand und begrüßte sie. Sie winkten zaghaft zurück. Kinder hielten im Spielen inne, sahen zu ihm auf, drückten sich hinter ihre Eltern.

Er ging langsam zwischen den Feldern, bis er die ersten Häuser erreichte. Menschen sahen ihm aus den Fensterläden aus zu, wie er auf dem Dorfplatz stehenblieb. Er sah sich um. Menschen kamen aus den Häusern und starrten ihn an. Alle wirkten friedlich, wenngleich einige Dreschflegel oder Stöcke in Händen hielten.

Ein alter Mann trat ihm entgegen, hob die rechte Hand zur Begrüßung.

„Wir haben Dich vor langer Zeit hier schlafend vorgefunden und Dich schlafen lassen! Schon die Vorderalten haben Dich angebetet, Du schlafender Gott!"

„Ich bin kein Gott!", sagte er. „Aber ich habe mich lange ausruhen müssen nach der langen Reise!"

Er nickte langsam. „Ich habe wahrhaftig lange geschlafen." Er sah sich um. Am Ende des Dorfes gab es ein größeres Gebäude.

„Ich bin hier mit meinem Vogel angekommen. Wo habt ihr ihn hingebracht?"

Der alte Mann deutete mit dünnem Arm auf das große Gebäude.

„Wir haben das, was wir hier gefunden haben, in den Tempel gebracht. Das war vor langer Zeit!"

Er dankte dem alten Mann und ging langsam zwischen den Hütten zum Tempel. Zwischen vier großen Bäumen hatte man Erde kniehoch angeschüttet, Flechtwerk bildete die Umrandung. Grobe Holzbohlen bildeten den Aufgang. Er stieg langsam hinauf. Innen war sein Vogel aufgestellt. An den geflochtenen Wänden hingen Lederhäute mit Zeichnungen von ihm auf dem Hügel, dem Vogel, einer Überflutung, Kämpfen mit anderen Menschen. Er begutachtete die Decke, die aus wenigen Ästen und Zweigen bestand und mit Stroh gedeckt war.

Er drückte auf bestimmte Tasten auf einem Feld an der Seite seines Vogels, öffnete die Abdeckung und stieg ein. Durch die Verglasung konnte er den alten Mann und die anderen Dorfbewohner sehen, die ihm gefolgt waren und nunmehr vor dem Gebäude standen. Er winkte ihnen und schloss die Kabine. Rasch prüfte er die Instrumente. Der Motor

sprang sofort an. Er winkte den Dorfbewohnern zu-
rückzutreten. Dann fuhr er die Regler hoch, der
Vogel begann sich zu erheben, durchstieß die
Strohdecke. Er flog eine Runde über das Dorf,
winkte den Menschen. Viele waren beim Start vor
Schreck in ihre Häuser gelaufen. Wenige, wie der
alte Mann, waren stehengeblieben und winkten zu-
rück.

Er lenkte seinen Vogel nach oben, zu den Ster-
nen, wo die anderen noch sein mussten.

Die Bibliothek

Wie lange es die Bibliothek gab, wer mit dem Bau begonnen hatte – das wusste niemand mehr. Ihr Beginn verlor sich in der Geschichte. Es war nur wichtig zu wissen, dass es DIE BIBLIOTHEK war. Menschen kamen aus allen Bereichen des bekannten Universums hierher, um in alten Schriften zu lesen. Jeden Tag landeten Raumschiffe und entluden ihre Fracht in Form von Schriftrollen, Büchern, CDs, Lesekristallen und anderen Kommunikationsträgern. Ein Heer von Mitarbeitern kümmerte sich um die Katalogisierung, Prüfung und Einordnung in das allumfassende System.

Die Bibliothek erhob sich auf einem riesigen Plateau, eingefasst von hohe Bergen. Sie bestand aus Kuppelbauten, die ineinander verschachtelt aufgebaut waren. Sie wurden ständig erweitert, Metall- und Kunststoffteile bildeten das Skelett, die meisten Fassadenteile waren durchsichtig oder hell gefärbt. Wenn die Sonne darüber glitt, veränderten sich die Farben, die Kuppeln wurden zu einem Regenbogen.

Der Raumhafen war groß genug, um selbst große Fregatten aufzunehmen. Ständig starteten und landeten kleine Schiffe, fuhren Fahrzeuge heran. Die PlaSta-Pisten erstreckten sich kilometerweit zu Füßen der Bibliothek auf dem Plateau. Straßen umrundeten kreisförmig die Gebäude, durchzogen von Parks und Grünanlagen. Die bunten Pflanzen bildeten einen großen Kontrast zum Felsenboden und den Bauten.

Wenn man das Innere der riesigen Kuppelbauten betrat, so fühlte man sich an eine unermesslich hohe Kathedrale erinnert. Regale standen übereinander, trugen die Last der anderen Regale und Besucher, Laufroste bildeten den Boden. Wenn man unten im Empfangsbereich stand und nach oben schaute, sah man zahllose Geschosse mit Regalen und Besuchern über sich. Durch die hohen Fenster und die durchscheinenden Kuppeln drang das Licht herein, durchflutete die Regalzwischenräume. Überall bewegten sich Menschen. Stand man in einem der Gänge und schaute nach oben, sah man andere Besucher zwischen den Regalen wandeln und sich die Bücher und andere Gegenstände ansehen. Überall waren Bänke und andere Sitzmöglichkeiten angebracht. Hier konnte man in Ruhe die Bücher lesen.

Versank die Sonne, wurde das künstliche Licht eingeschaltet, und imitierte das natürliche Sonnenlicht. Eine perfekt ausgewogene Lüftungs- und Klimaanlage sorgte für eine optimale Atmosphäre für die Bücher.

Der junge Mann stand zwischen zwei hohen Regalen und blätterte in einem dicken alten Buch mit Ledereinband. Er war ganz in das Lesen vertieft und bemerkte die anderen erst, als sie direkt vor ihm standen. Er sah hoch und wich einen Schritt zurück. Vor ihm stand ER - der oberste Bibliothekar, alt und blind und kaum noch in der Lage zu gehen. Zwei jüngere Adepten stützen ihn. Sie trugen die grünliche Kleidung der Mitarbeiter, Abzeichen an den Kragen wiesen auf ihren Rang hin. Es gab 7 Stufen, angefangen von den Mitarbeitern, die jeweils für ein Regal zuständig waren, über die, die mehrere Regale, ganze Regal reihen, Etagen, Bereiche, Sektionen und schließlich den obersten

Bibliothekar, der für alles zuständig war, was die Bibliothek betraf. Er trat nur selten in Erscheinung, seine Ansprachen waren legendär. Langes weißes Haar umgab sein schmales Gesicht. Seine leeren Augen starrten an dem jungen Mann vorbei, sein Alter kannte niemand. In der Ankunftshalle hingen die Portraits der Bibliothekare, die alle zuvor die Leitung innehatten. Mittlerweile waren die Bilder in drei Reihen übereinander angeordnet.

Der junge Mann klappte das Buch zu und hielt es eng an den Oberkörper gepresst. Auch er war dünn, schmales Gesicht, mit brennenden tiefliegenden blauen Augen. Man sah ihm an, dass er lange schon nicht mehr richtig geschlafen hatte.

Der alte Bibliothekar wandte ihm das Gesicht zu. „Sie brauchen keine Angst zu haben, Messmer!", sagte er mit brüchiger Stimme.

Der junge Mann war sichtlich überrascht. „Woher kennen Sie meinen Namen, Oberster Bibliothekar?"

Der Mann lächelte und entblößte dabei kleine falsche Zähne. „Wir wissen alles über sie. Das ist unsere Aufgabe, wissen Sie: Informationen sammeln. Das ist doch die Absicht einer Bibliothek, oder?"

Der junge Mann schwieg. Langsam ließ seine Anspannung nach. Er wurde ruhiger, ließ das Buch sinken.

„Wie kann ich Ihnen helfen, Oberster Bibliothekar?"

„Ich denke ich kann Ihnen helfen, Messmer!"

Der Oberste Bibliothekar trat nahe an den jungen Mann heran, blieb in Armlänge vor ihm stehen.

„Ich weiß, dass Sie ein Suchender sind. Sie suchen nach dem Wissen der Vorfahren, als sie noch ihr gesamtes Wissen in wenigen Büchern ausbreiten konnten. Sie haben in den letzten 8 Monaten viele Bücher vorgenommen und gelesen: Die Bibel, den Koran, die Veden, das Mahabharata, Ramayana, Kabbala, Edda, Werke von Steiner, Crowley, Blavatsky, Poe, Burroughs, die Bücher von Kafka, Kant, Nietzsche, Shakespeare, Castaneda, Borges, Lovecraft, dazu über diesen Planeten und die Bibliothek hier."

Bevor der junge Mann etwas sagen konnte, hob der Oberste Bibliothekar die Hand.

„Wir können feststellen, wer welches Buch liest. Dazu haben wir Programme, in denen wir bestimmte Bücher eingeben können. Wenn diese gelesen werden, erhalten wir eine Information darüber. Wenn jemand wie sie mehrere dieser gekennzeichneten Bücher ausleiht ergibt das Kreuzreferenzen. Darauf achten wir. Sie sind ein Getriebener, rastlos, auf der Suche nach den letzten Wahrheiten zu den Themen Religion, Ursprung des Menschen, wo kommen wir her, wo gehen wir hin..." Der junge Mann schwieg.

Der alte Mann lächelte und breitete leicht die Arme aus. „Sie brauchen sich wirklich keine Sorgen zu machen, Messmer. Wir beobachten Sie schon eine ganze Weile, weil wir etwas Bestimmtes mit Ihnen vorhaben."

Messmer blieb abwartend stehen.

„Wie Ihnen bekannt ist, bestimmt der Bibliothekar seinen Nachfolger selbst. Der Nachfolger muss allerdings zuerst eine Aufgabe lösen können, die ihm der Bibliothekar stellt. Das haben Sie in der *Geschichte der Bibliothek* von Mortimer vor zwei Wochen nachgelesen. Und nun sind Sie auf der Suche nach den Aufgaben, weil Sie sich im Stillen erhoffen, auch einmal in den Kreis der Erwählten zu gelangen."

Pause.

Staunen.

Messmer öffnete den Mund. „Wie…!"

„Wir lesen alle Informationen, die in und aus diesen Räumlichkeiten gelangen."

Messmer wunderte sich nicht mehr. So etwas hatte auch in dem Buch von Mortimer angeklungen.

Sie kannten seinen heimlichen Wunsch!

Er verlagerte das Gewicht von einem Fuß auf den anderen.

„Wie Sie auch wissen trifft der Bibliothekar die Auswahl seines Nachfolgers selbst, legt die Kriterien fest, prüft den Menschen. Welche Aufgabe der Anwärter bekommt ist dabei unterschiedlich gewesen. Seit etwa 1.000 Jahren ist die Aufgabe allerdings gleich. Sie wird von Bibliothekar zum Anwärter unter dem Siegel der Verschwiegenheit weitergegeben. Versagt der Anwärter, so verpflichtet er sich, die Frage nie preiszugeben. Andernfalls droht ihm eine schwere Gefängnisstrafe! Sind Sie damit einverstanden?"

Messmer nickte.

„Ja, Messmer, ich habe Sie als Anwärter auserkoren. Bitte begleiten Sie mich in mein Büro."

Er hob den linken Arm. Der junge Mann stellte das Buch ins Regal zurück, hakte sich bei dem alten Mann ein und Sie gingen in Richtung der Fahrstühle, die beiden Begleiter des Obersten Bibliothekars im Schlepptau. Die kleine Gruppe durchquerte die Ebene. Messmer achtete sorgfältig darauf, dass er nicht zu schnell ging. Er hatte den Obersten Bibliothekar noch nie aus der Nähe gesehen. Hin und wieder ertappte er sich dabei, wie er zur Seite blickte und den Mann neben ihm beobachtete, seine faltige Haut am Hals, die aufgeworfenen faltigen Lippen, die leeren Augen.

Sie erreichten die Lifte und betraten einen offenen Lift, Türen schlossen sich. Einer der Begleiter hielt eine Karte an ein rotes Feld oberhalb der Stockwerkswahl, und der Lift glitt rasant nach oben. Die Außenwand des Lifts bestand aus durchsichtigem Kunststoff. Gut war der Sonnenuntergang zu sehen. Die Sonne verschwand hinter den fernen Bergen.

Wie lange sie gefahren waren, konnte Messmer nicht sagen. Irgendwann hielt der Lift, ein leises Klingeln zeigte das Öffnen der Türen an. In den anderen Etagen hörte man kein Klingeln, um die Lesenden nicht zu stören.

Sie verließen den Lift. Der große Raum war an der obersten Kuppel angebracht. Sie gingen über große Platten aus durchsichtigem Kunststoff, der Blick glitt hinunter, bis er sich zwischen den Regalreihen verlor. Die Sterne funkelten durch die Kuppel, die ebenfalls aus durchsichtigem Kunststoff bestand. Ein großer Schreibtisch beherrschte den Raum, daneben mehrere andere leere Arbeitsplätze mit Monitoren und Computerterminals. Ein langer Tisch mit Sesseln vervollständigte das Ambiente.

Der alte Mann ging zielstrebig um den großen Schreibtisch herum und setzte sich in seinen großen Sessel, dessen Lehne ihn weit überragte. Er wies auf den Platz vor dem Schreibtisch. Messmer stellte sich vor den Schreibtisch. Die beiden Begleiter verließen den Raum durch eine geschickt hinter einem Bücherregal verborgenen Tür. Der alte Mann wartete, bis ein Klacken das Einrasten der Tür anzeigte. .

„Sie werden die Erklärung hier laut vorlesen und unterschreiben!" begann der Oberste Bibliothekar. „Damit erkennen Sie den Status als Anwärter an."

Messmer nahm das Blatt Papier von der Tischplatte vor ihm und las laut und deutlich vor:

„Ich, Xavier Messmer, bestätige hiermit meinen Status als Anwärter auf den Posten des Obersten Bibliothekars in Anwesenheit des bisherigen Obersten Bibliothekars. Mir ist bekannt, dass ich eine Aufgabe lösen muss, die mir der Oberste Bibliothekar stellt. Sollte ich sie nicht lösen können so bin ich zum Schweigen verpflichtet. Unter keinen Umständen darf ich die Aufgabe an andere weiterleiten. Sollte ich mein Schweigen brechen so ist eine Haftstrafe von 120 Jahren in einem Hochsicherheitsgefängnis vorgesehen. Für die Lösung der Aufgaben habe ich 7 Standardtage Zeit, gemessen vom jetzigen Augenblick an.

Datum, Uhrzeit, Unterschrift …"

Messmer unterzeichnete mit dem Stift, dem ihm der Oberste Bibliothekar hinhielt.

„So, Messmer, jetzt kommen wir zum spannenden Teil des Abends, zur Aufgabe!" Der alte Mann lehnte sich zurück. „Sie ist ganz einfach: Finden Sie die Stelle, wo Anfang und Ende ihren Ursprung haben. Dort finden Sie die Antwort auf alle Ihre Fragen."

Messmer sah den alten Mann irritiert an.

Der Blinde lachte. „So habe ich damals auch geschaut!"

Er lachte erneut.

„Wenn Sie die Antwort kennen, wird es Ihnen vorkommen, als hätten Sie die Lösung schon immer vor sich gehabt!"

Messmer war noch immer sprachlos. Anfang und Ende? Die Erde? Das Weltall? Urknall? ratterten durch seinen Verstand. Die entsprechenden Bilder brachen sich Bahn vor seinem inneren Auge.

Der alte Mann stand auf und reichte ihm die Hand über die Tischplatte hinweg. Messmer musste sich direkt an die Tischkante stellen, um über den breiten Tisch die Hand des Alten ergreifen zu können.

„Wir werden uns dann spätestens in 7 Tagen zur gleichen Uhrzeit wiedersehen."

Die beiden Begleiter erschienen wieder. Einer blieb neben dem Obersten Bibliothekar stehen, der andere stellte sich neben Messmer.

„Er wird sie nach unten bringen. Viel Erfolg!"

Der Begleiter wies zu den Liften.

Messmer ging voran. Sie stiegen ein, fuhren hinab bis zum 3. Untergeschoss. Hier stieg Messmer aus, der Begleiter blieb im Lift. Messmer fügte sich in den Strom der Menschen ein, die aus der Bibliothek in die Schlafbereiche fuhren. Diese befanden sich weit entfernt in einem der Hügelausläufer. Die Erbauer hatten vorausschauend gedacht, die Bibliothek sollte ausreichend Raum und Luft haben, um sich auszubreiten. Immer wieder fanden Um- und Neubaumassnahmen statt, gerade wurde ein riesiger Flügel angebaut. Wenn er morgens auf dem Weg von der Schlafstätte zur Bibliothek an der Baustelle vorbeifuhr, konnte er die Bauarbeiter ausmachen, klein und unscheinbar wirkten sie gegen das Gebäude, was sie erschufen.

Der Weg zur Unterkunft dauerte mit der Schnellbahn etwa 1 Stunde. Messmer saß in einer Ecke und sah hinaus. Er achtete weder auf die anderen Reisenden noch auf die Welt außerhalb. Es handelte sich um eine Ansammlung von großen verglasten Gebäuden, die am Hang mehrerer Berge lagen. Tausende von Menschen bewegten sich in den Räumlichkeiten, Korridoren und Hallen. Der Zug hielt an der Station, die Menschen strömten heraus. Wie in Trance ging Messmer mit ihnen, nahm einen der zahlreichen Treppen in den Empfangsbereich. Hier teilten sich die Ströme auf. Er wählte eine breite blau eingefasste Treppe, die in einem großen Korridor führte. Links und rechts zweigten Türen ab, an der Decke vermittelten geschickt angebrachte Monitorpaneele den Eindruck des Sternenhimmels über ihm. Ein dicker Belag schluckte seine Schritte. Nach wenigen Minuten erreichte er ein Zimmer, öffnete es mit seiner Karte. Er legte die Sachen ab, duschte, legte sich ins Bett, dachte über das Gespräch mit dem Obersten Bibliothekar nach und dämmerte ins Reich der Träume. In den nächsten Tagen stand Messmer früh auf, war zum Anbruch des Tages zur Bibliothek unterwegs, bewaffnet mit Notizblock und Stiften und gutem Willen, die Aufgabe zu lösen.

Er begann in den alten Mythen nachzuforschen, dem Anfang des Seins, Materie und Bewusstsein. Sein erzeugt Materie, der Urknall als Ursprung allen Seins. Er drehte sich um Kreis. Er machte sich Notizen, stöberte durch Dutzende von Büchern, suchte die Kartenräume auf, betrachtete Projektionen von Sternensystemen, die interstellaren Reiserouten der Menschen an der Wand, bis ihm die Augen schmerzten.

Am Abend schlief er über den Büchern ein. Ein Bediensteter weckte ihn freundlich und mahnte ihn, sich in die Unterkunft zu begeben.

Er bat eine Nachricht an den Obersten Bibliothekar schicken zu dürfen. Der Bedienstete war überrascht, verwies ihn an das InterCom. Messmer tippte seine Bitte an den Obersten Bibliothekar ein, vor Ort bleiben und seine Studien hier ohne die Zeitverzögerung des Reisens durchführen zu dürfen.

Dann setzte er sich an den Schreibtisch und las weiter. Wenige Augenblicke später trat der Bedienstete an ihn heran und reichte ihm eine kleine Nachrichtenkapsel.

„Hier ist eine Nachricht vom Obersten Bibliothekar!" Der Mann sah Messmer erstaunt an. So etwas hatte er noch nie erlebt. Messmer öffnete die Kapsel. Sie enthielt die Bestätigung, dass er seine Studien direkt in der Bibliothek weiter fortführen könnte. Der Bedienstete wurde angewiesen, ihm eines jener Zimmer zuzuweisen, die sich direkt unterhalb der Bibliothek befanden und in der Regel nur hochgestellten Persönlichkeiten vorbehalten waren, die hier zu Besuch kamen. Er wurde in die Etage unter der Bibliothek geführt. Graue Gänge. An einer Tür blieb der Mann stehen, reichte Messmer die Karte und entfernte sich. Messmer trat ein. Ein großer Raum, mit angrenzendem Band und Toilette. Auf dem Tisch stand ein Terminal, an das er sich sofort setzte und sich in seine Suche vertiefte. Er aktivierte die großen Wandschirme, um seine Suchergebnisse abzubilden. So ging es mehrere Tage. Er suche die Bibliothek auf und vergrub sich in den alten Büchern, durchforstete die Aufzeichnungen, Mythen, Pläne, … alles, was von einem

Anfang oder einem Ende sprach, mit Querverweisen. Häufig schlief er über den Büchern ein. Er aß kaum, dämmerte weg, taumelte in sein Zimmer, schlief oft auf dem Boden über Büchern ein. Vier Tage waren bereits vergangen, und er war der Lösung nicht nähergekommen. Er zermarterte sich das Gehirn, was die Lösung der Frage sein konnte. Er schrieb die Frage auf, versuchte von hinten nach vorne zu lesen, lebte die Worte untereinander, nichts brachte ihn weiter.

Anfang und Ende …

Genesis und Offenbarung …

Die Kabbala

Die erste und letzte Sure des Koran …

Ragnarök …

Alpha und Omega …

Anfang … Urknall … Universum … Er sah rotierende Spiralen vor sich, bunt, riesig, sich langsam drehend.

Ende … Götterdämmerung … Zusammenbruch des Universums … Rote Riesen und weiße Zwerge, schwarze Löcher, …

Am Ende des 5. Tages lag Xavier auf dem Boden seines Zimmers und alles um ihn herum drehte sich. Er sah auf die Pläne auf den großen Wandschirmen, die Landmasse, die Seen, die Baupläne …

Die Baupläne …

Er sprang vom Boden auf und trat an einen der Wandschirme. Er berührte ihn und blätterte durch die verschiedenen Bauabschnitte der Bibliothek.

Bis er den ursprünglichen Plan hatte.

Er schrieb die griechischen Buchstaben Alpha und Omega neben die beiden Gebäudeflügel, vergrößerte sie, passte sie an und schob sie über die Pläne.

Xavier kreiste den Bereich ein, in denen die beiden ältesten Gebäudeteile in Form des α und des ω zusammenstießen. Er legte den neuesten Bauplan darüber. Es handelte sich um den Empfangsbereich mit den großen Statuen der Musen und antiker Helden. Er kannte die Halle gut, war mehrfach schon da gewesen. Er zog mit dem Finger einen Rahmen um den betreffenden Ausschnitt und rief laut: „Computer, markierten Bereich ausdrucken!" Aus der Wand unter dem Bildschirm wurde eine Seite ausgeworfen. Xavier nahm die Seite und verließ das Zimmer.

Er lief durch die große verglaste Halle zum Eingang, vorbei an anderen Besuchern und Angestellten. Er folgte dem überglasten Außenbereich bis zum Schnittpunkt der beiden ursprünglichen Gebäudehälften. Hier im Raum war niemand zu sehen. Der Architekt hatte zu Beginn zwei Gebäude in Form eines α und das andere in Form eines ω gebaut. Wo die beiden sich berührten hatte man eine große überdachte Halle gebaut. Von der Decke hing eine umgekehrte gläserne Pyramide, die auf den Boden zeigte. Xavier ging zu der Stelle unter der Spitze und drehte sich um seine Achse. Die 4 Musen der Antike und die griechischen Götter standen als

Statuen in den Ecken und an den 4 Seiten des Raumes.

Xavier bückte sich, hockte sich auf die Knie und schaute sich die Bodenplatte an. Er drückte und schob und versuchte sie anzuheben. Vergeblich. Eine Stimme aus dem hinteren Bereich der Halle ließ ihn herumfahren. „Ich wusste, dass Sie das Geheimnis lösen würden. Wie sind Sie darauf gekommen?"

Messmer stand auf und begrüßte den Obersten Bibliothekar und dessen zwei Begleiter.

„Anfang und Ende, Alpha und Omega. Dann fand ich die alten Baupläne. Der Beginn, das Alpha, und das Ende, das Omega, der Bibliothek lag in den Bauplänen!" Er deutete auf die Pyramide über sich auf die Platte unter sich. „An diesem Punkt stoßen die beiden Bauteile zusammen, durchdringen einander. Ich denke, dass ich die richtige Platte gefunden habe. Darunter muss das Geheimnis der Bibliothek verborgen sein!"

Der blinde Bibliothekar nickte langsam.

„Ich helfe Ihnen beim Öffnen der Bodenplatte. Es gibt da einen Trick!"

Der blinde Seher ließ sich von den beiden Begleitern zu Messmer begleiten und deutete auf die Spitze der Pyramide. „Sie müssen nacheinander die vier Seiten der Spitze drücken!"

Xavier stand auf und langte hoch zur Pyramide. Er drückte nacheinander auf alle vier Seiten.

Die Bodenplatte öffnete sich.

„Wenn Sie weiter machen, werden Sie einen Preis für das Wissen bezahlen müssen!", meinte der Oberste Bibliothekar.

„Ich muss alles wissen! Ich muss wissen, das was Geheimnis der Bibliothek ist!"

„Dann sehen Sie genau hin!"

Der junge Mann hockte sich an das Loch und beugte sich hinein. Ein Licht flammte auf und er sah einen Monitor, der bei Berührung anging. Es handelte sich um einen uralten Computermonitor, der schon als war, als die Bibliothek gebaut wurde. Bilder blitzten auf. Er sah eine Landschaft, die nicht auf der Erde gewesen sein konnte. Er sah grüne Wesen, mit vier Armen, einen gelben Himmel. Blaue Gebäude. Dann wurde eine Rakete sichtbar, in die das Gerät eingesetzt wurde.

Schwärze.

Weltall, Sterne und Sonnen kamen entgegen ... dazu die Stimme des Obersten Bibliothekars.

„Das hier ist eine alte Sonde, die die ersten Siedler gefunden haben. Es handelt es sich um eine Sonde, deren Herkunft wir noch nicht herausfinden konnten. Sie muss viele Jahre durch das Weltall geflogen sein, vielleicht Jahrtausende. Und dann ist sie hier aufgeschlagen. Dabei brannte sie sich in den Felsen ein. Die Sonne lieferte ihr noch Energie für den Speicher. Niemand konnte den Speicher auslesen oder die Sonde ausbauen. Daher wurde sie hier so gelassen. Ein Gebäude wurde über der Stelle gebaut. Daraus entstand die erste Bibliothek dieses Planeten. Sie wuchs, gedieh als Mittelpunkt des Wissens. Immer weiter...!"

Messmer blinzelte. Ein leichter Nebel legte sich über seine Augen. Die Sonde zeigte Sonnen und Planeten, ließ sich von einigen Planeten einfangen und tastete die Oberfläche ab. Wälder, Dschungel, Flüsse, Seen und Ortschaften tauchten auf, dann wieder das All. Dutzende von Planeten wurden so abgetastet. Zahlreiche öde Planeten und solche mit Zivilisationen. Raumschiffe im Weltall kamen in großer Entfernung entgegen und passierten.

Messmers Blick wurde dunkler, immer wieder blinzelte er, schüttelte den Kopf, um den leichten Nebel vor den Augen abzuschütteln. Er wandte den Blick nicht ab.

„Die Sonde umkreiste auch die Erde. Vielleicht sehen sie es gerade!"

Messmer sah die Sonde durch das Sonnensystem fliegen. Passierte den Mond, umkreiste die Erde.

„Sie muss dort lange im Orbit geblieben sein. Warum auch immer!"

Messmer erblickte Dschungel und Zivilisationen auf der Erde, die entstanden und untergingen. Alles im Zeitraffertempo.

Messmer blickte vom Monitor auf. Er konnte den alten Mann kaum erkennen.

„Meine Augen!", rief er. „Was ist mit meinen Augen los?"

„Das ist der Preis für das Wissen...!"

Messmer beugte sich wieder über den Monitor. Die Sonde verließ die Erde und flog weiter, bis sie auf dem Planeten aufschlug.

Als Messmer hochsah, konnte er den Alten nicht mehr sehen.

Er rieb sich die Augen. „Was ist mit meinen Augen los? Ich bin blind!"

Er taumelte auf die Füße.

„Das ist der Preis für die Erkenntnis. Sie haben gesehen, aber ihre Augen werden nicht mehr sehen!"

Messmer sprang auf und schrie. Jemand packte ihn an den Armen und hielt ihn fest. Die Stimme des Obersten Bibliothekars war direkt vor ihm. „Sie haben Dinge gesehen, die nur wenige Menschen vor Ihnen gesehen haben! Sie werden lernen zu sehen. Und sie haben schon viel gesehen. Viele Dinge, viele tolle Dinge werden noch geschehen. Und Sie werden das beste Gebäude von allen leiten. Jetzt gehört es Ihnen. Einer meiner Helfer wird Sie zu Ihrem neuen Arbeitsplatz bringen und Ihnen zur Seite stehen. Genießen Sie Ihr Leben! Es wird wunderbar sein. Meines als Oberster Bibliothekar war's." Der Oberste Bibliothekar ließ Messmer los. „Und eines Tages werden Sie Ihren Nachfolger aussuchen."

Jemand ergriff Messmers linken Arm. „Kommen Sie mit, Oberster Bibliothekar!" und führte ihn weg.

Das Seil

Das Seil

Es verlor sich beiderseits im Dunkel. Woher und wohin …

Seit meiner Geburt hatte es immer nur das Seil gegeben.

Meine linke Hand fasste über die rechte, und ich zog mich hinauf. So war es gestern und vorgestern gewesen und so würde es morgen und übermorgen wieder sein. Mein ganzes Leben hatte ich an diesem Seil verbracht, hatte die Geschichten der Vorväter gelernt, den Liedern der Alten gelauscht.

Eine Stimme rief mich. Ich ließ mich am Sicherungsseil hängen und sah hinab. Die Familie hatte aufgehört zu klettern. Wir waren 23 Leute, davon 4 Kinder.

Heute war der große Tag von Alpha. Heute würde er das Seil und die Familie verlassen und ins Nichts fallen.

So war es Brauch bei uns. Wer nicht mehr von allein klettern konnte verließ uns. Normalerweise ließ er sich einfach nach unten fallen. Einige waren auch nach unten gestiegen oder zurückgeblieben. Alpha hatte sich für den traditionellen Weg entschieden. Am Morgen hatte er seine Lieder gesungen, zur Erinnerung der anderen. Seine Habseligkeiten hatte er verteilt.

Jetzt war es Zeit, sich zu verabschieden. Nacheinander kletterte jeder zu Alpha hinab, der am Ende der Familie am Seil hing. Man drückte die Stirn gegeneinander, umarmte sich, flüsterte den Namen des anderen.

Ich ließ mich hinab. Wenn ich die Leine eines anderen kreuzte, machte ich meine Sicherungsleine los. Die anderen machten Platz, als ich an ihnen vorbeistieg. Nach wenigen Augenblicken erreichte ich Alpha, der mich mit freundlichen Augen empfing.

„Du warst immer ein guter Schüler, Gamma!", sagte er zu mir. „Du hast am meisten von den Geschichten unserer Vorfahren in Dir aufgenommen, kennst die alten Lieder. Du bist stark und mutig. Du bist ein guter Anführer der Familie."

„Ich danke Dir, Alpha. Du warst ein sehr guter Lehrer. Deine Geschichten habe ich am liebsten gehört. Deine Weisheit wird unsere Herzen noch lange füllen."

„Friede sei mit Dir auf Deinem Weg nach unten!"

Alpha erwiderte meinen traditionellen Gruß mit den Worten „Und auf Euren Weg nach oben."

Er nickte Delta zu, der über uns den Worten gelauscht hatte und sich zu mir gesellte. Alpha stemmte sich mit den Füßen gegen das Seil, gehalten von seinem Sicherungsseil. Er hatte uns gesagt, dass es sich bei dem Material um Plastigg handelte. Was auch immer das war. Es hatte schon seinen Großvater gehalten, und nun würde er es an die Familie weitergeben.

Alpha hielt sich mit den Händen fest, während Delta die Sicherungsleine löste. Er nickte uns beiden zu. Wir ergriffen seine Hände, er lehnte sich zurück.

Wir zählten gemeinsam bis drei, dann stieß Alpha sich ab, wir ließen gleichzeitig los, und mit dem Blick auf uns fiel er hinab ins Halbdunkel, vorbei am Seil.

Wir verfolgten seinen Fall, bis er im Dunkel nicht mehr zu sehen war.

„Möge er weich fallen!" beendete Delta den Ritus.

Wir stiegen hinauf. Während Delta am Ende der Familie blieb, stieg ich hinauf. Meiner Gefährtin Venus gab ich einen Kuss. Unseren Sohn Lon nahm ich auf den Rücken und kletterte an die Spitze der Gruppe.

„Warum klettern wir das Seil hinauf, Papa?"

Lon hing mit an meinem Sicherungsseil. Ich half ihm beim Hinaufziehen. Er reichte mir fast bis an den Bauchnabel und lernte schnell.

„So ist es Brauch, mein Sohn. Seitdem unsere Vorfahren vor langer Zeit hierherkamen. Lange vor dem Großvater des Großvaters."

„Woher kamen die Vorfahren?"

„Das weiß ich nicht. Schon mein Großvater wusste das nicht mehr. Auf jeden Fall kamen sie in einem großen Ding, mit dem man durch die ewige Dunkelheit fliegen kann. Als sie hier ankamen, wurden sie von den Spinnen angegriffen und stiegen die Seile hinauf. Wir müssen immer weiter hinauf, weg von den Tieren, die uns verfolgen!"

„Hast Du die Tiere schon mal gesehen? Wie sehen sie aus?"

„Groß, so groß wie vier Männer, ihre Körper gleichen den Morgentropfen am Seil und einem großen Maul. Sie haben der anderen Familie am anderen Seil aufgelauert und sie angegriffen." Sie deutete auf das nahe Seil, das kaum zehn Mannlängen entfernt, sich ebenfalls beiderseits im Dunkel verlor.

„Wir konnten nicht helfen."

Lon sah zum Seil hinüber.

Die Schreie hatten uns geweckt. Wir hatten geschlafen. Unsere Wache hatte gerufen. Am anderen

Seil waren unterhalb der Familie große Schatten aufgetaucht. Auch deren Wache rief, damit die Familie erwachte. Während die Frauen mit den Kindern nach oben stiegen, bereiteten sich die Männer auf den Kampf vor. Sie hatten nichts als bloße Hände und einige Werkzeuge. Die Spinnentiere kletterten erstaunlich rasch hinauf, erreichten die Männer. Mit den Vorderbeinen ergriffen die Spinnen die Menschen, senkten ihre riesigen Mäuler in die weichen Körper.

Während die Männer verzweifelt kämpften, drängten sich einige Spinnen an ihnen vorbei und folgten Frauen und Kindern. Zwei Frauen waren aus Verzweiflung vor dem sicheren Tod hinabgesprungen, an den geifernden Mäulern vorbei.

Nach wenigen Augenblicken war alles vorbei, die Spinnentiere taten sich gütlich an den zuckenden Körpern. Und wir konnten nichts dagegen machen. Sie richteten ihre gierigen Augen auf uns, konnten aber nicht herüber.

„Das war ein schlimmer Tag, mein Sohn. Seitdem sind wir noch vorsichtiger."

„Wann war das?"

„Das war lange vor Deiner Geburt, ich war noch ein junger Mann! Den Anblick habe ich nie vergessen!"

„Warum hörst Du auf zu klettern?"

„Entschuldige, die Erinnerung hat mich übermannt!"

Schweigend stiegen wir weiter hinauf. Hin und wieder tranken wir den aufgesammelten Morgentau.

So ging es immer weiter hinauf. Lon kletterte unter meiner Aufsicht hinab.

Wir hatten einfache Regeln: Wer sein Geschäft verrichten musste, blieb zurück und folgte später den anderen. Wir halfen den Kindern, bis sie alt genug waren, allein zu klettern. Nach dem Klettern fanden wir uns alle zusammen, erzählten uns Geschichten, dachten uns welche aus, sangen die Lieder der Vorfahren, kümmerten uns um die Kinder. Sie schliefen abgesichert bei den Eltern. Wollte ein Paar allein sein, so stiegen sie das Seil hinauf. Eine einfache Regel.

Wir alle trugen wenig Kleidung. Es war angenehm warm.

Die Nahrung bildete der allmorgendliche Tau am Seil. Er schmeckte köstlich und stillte Hunger und Durst. Schon die Kleinsten bekamen Tau. Wir hatten nichts anderes und waren zufrieden, am Leben zu sein.

Ich hatte mich schon oft gefragt, wie es wäre, wenn man einen Ort finden könnte, wo man nicht mehr klettern und Angst vor den Spinnen haben müsste. Das wäre sicherlich ein himmlischer Ort. Mein Vater hatte meine Geschichten immer als Verrücktheiten abgetan.

„So etwas gibt es nicht!" hatte er mich zurechtgewiesen. „Schlag Dir so etwas aus dem Kopf! Wie werden am Seil geboren, und wir sterben am Seil. Das ist seit Generationen so!"

Ab und zu wagten es junge Männer, sich an dem Seil hinabzulassen. Keiner kehrte jemals zurück.

Delta kletterte hinab, um die erste Wache zu übernehmen. Nach einiger Zeit zog er an meiner Kleidung. Ich erwachte schnell. Delta deutete nach unten. Ich weckte vorsichtig Venus, hakte mich los. Während Venus Lon umklammerte, stieg ich an den Schlafenden hinab.

Hier, unterhalb der Familie, war ich sehr gerne. Die Stille und Ruhe entspannten mich. Hier konnte man in Ruhe nachdenken, niemand störte. Ich sah das Seil hinab, das sich im Dunkel verlor.

Oberhalb von uns waren Seile in weiter Ferne sichtbar, an denen sich winzig kleine Figuren bewegten. Menschen wie wir – oder Spinnen? Was machte das für einen Unterschied? Manchmal hatte ich mich mit meinem Vater während der Wachen unterhalten. Er war einer der wenigen, der meine Gedanken teilte. Die anderen waren zufrieden mit dem, was sie hatten. Er war neugierig, wollte mehr wissen. Er teilte mit mir zahlreiche Geschichten seines Großvaters Rho, der aufmerksam das Seil und die Umgebung untersucht hatte. Mein Vater berichtete mir, dass eines Tages ein anderes Seil ihr eigenes gekreuzt hatte. Er hatte sich von den anderen verabschiedet und das Seil hinaufgeklettert. Schon bald war er aus dem Blickfeld verschwunden.

Und nicht zurückgekehrt. Vielleicht hatte er eine andere Familie gefunden – oder die Spinnen ihn. Was war unter uns? Kamen die Spinnen uns nach? Oder war da gar nichts?

Nach dem Aufwachen sammelten wir den Morgentau vom Seil und unseren Kleidern und tranken. Mütter säugten ihre Kleinkinder. Dann machte sich die Familie auf den Weg.

Beta und Omega kletterten aufgeregt das Seil hinauf.

„Gamma! Komm schnell herauf! Wir haben was gefunden!"

Wir stiegen zu dritt hinauf, die Familie sollte erst einmal an Ort und Stelle verbleiben. Der große massige Körper hing verdreht im Seil, ausgehöhlt, leere ausgefressene Augen. Wie lange die Spinne schon so tot hier hing, konnte niemand sagen.

„Und wenn die vor uns sind und uns auflauern?"

„Die hätten doch nicht das hier zurückgelassen."

Ruhig betrachtete ich den immer noch imposanten Körper mit den langen vielgelenkigen Beinen und den großen Kopf mit den riesigen Kiefern. Aus einer Laune heraus brach ich den mit zahlreichen scharfen dreieckigen Zähnen ausgestatteten, armlangen Unterkiefer aus dem Kopf und befestigte ihn an meinem Gürtel.

„Wir bleiben hier", sagte ich und deutete auf Beta.

„Omega, hol den Rest der Familie. Hier ist es genauso sicher oder unsicher wie unten auch."

Omega nickte und machte sich an den Abstieg. Kurze Zeit später war die Familie heran. Mit großen ängstlichen Augen sahen sie sich den Spinnenkörper an. Als eines der Kinder auf die Spinne klettern wollte, zog ihn die Mutter zurück.

„Omega, Delta und ich klettern weiter hinauf. Die anderen bleiben hier."

Wir drei stiegen langsam hinauf.

Über uns wurde ein feines Gespinst sichtbar, das sich in der Weite der Dunkelheit verlor. Eine Geschichte fiel mir ein, die mir mein Vater einst erzählt hatte, die er von seinem Großvater gehört hatte. Damals, als der Großvater jung gewesen war, hatte das Seil, das sie hinaufstiegen, ein weites Netz durchquert. Ganz behutsam waren die durch das Seil gestiegen, hatten darauf geachtet, nichts zu berühren. In weiter Ferne glaubten Sie, einige Spinnen zu sehen. Aber niemand war neugierig gewesen, dies genau festzustellen. So rasch es ging waren sie das Seil hinaufgestiegen. Mein Vater erwähnte auch die Kokons, eingesponnene Teile im Bereich des Netzes. Wahrscheinlich die Beute der Spinnen. Was oder wer es gewesen war wollte niemand feststellen. Nur schnellstens fort von diesem Netz.

Wir kletterten behutsam weiter. Das Seil sollte nicht wackeln. Soweit wir wussten, spürten die Spinnen die Bewegungen des Seils. Nichts sollte sie vor der Zeit aufmerksam machen.

Das Gespinst wurde größer, wurde zu einer Ansammlung von zahlreichen Fäden, durch das unser Seil stieß. Wir erreichten die Seile. Unser Seil führte glatt hindurch, ohne dass es an die anderen stieß. Unser Glück. Omega stieß mich an und wir verstummten, blieben wie angewurzelt stehen. Aus einem großen Kokon bewegte sich eine Spinne. Sie hielt einen Menschen in den Fängen, der sich bewegte. Wir beobachteten, wie die Spinne den Menschen wegtrug. Schon wollten wir das Seil hinuntersteigen, als wir eine Frau aus dem Kokon treten sahen.

Sie war nackt und hatte ein Kind am Arm. Sie blickten der Spinne nach. Das Kind sagte etwas zur Mutter und ging über die dicken Seile. Zufällig kam es in unsere Richtung. Es blieb stehen und sah uns an.

„Los, weg von hier!", rief Omega.

„Es holt wahrscheinlich die Mutter!", meinte ich.

„Menschen und Spinnen leben zusammen. Was ist hier los?"

Auf Deltas Frage hatten wir keine Antwort.

Das Kind tauchte mit der Frau auf. Sie eilten die Seile entlang, bis sie unseres erreichten.

Sie starrte uns an, wir sie.

„Wer seid ihr?", fragte sie schließlich.

„Eine Familie. Und ihr?"

„Wir sind mehrere Familien und leben schon lange hier!"

"Wie könnt ihr mit den Spinnen leben?"

„Sie geben uns Nahrung und lassen uns in Ruhe. Dafür erhalten Sie unsere Alten, Kranken und Schwachen. Eine gute Regelung für alle Beteiligten."

Sprachlos sahen wir sie an.

„Kommt mit, dann könnt ihr euch selbst überzeugen. Wie viele seid ihr?"

Bevor ich eingreifen konnte, sagte Omega: „23 Menschen." Ich wollte nicht, dass die Frau über uns Bescheid wusste. Sie lächelte freundlich und winkte uns zu sich heran.

„Omega, du bleibst hier, Delta, du kehrst zur Familie zurück!" Ich trat dicht an Delta heran, damit die Frau uns nicht hören konnte. „Sollte ich nicht bald zurückkommen, so steigt rasch durch dieses Netz nach oben und flieht so rasch ihr könnt. Wir werden versuchen die Spinnen aufzuhalten!"

Delta nickte. Er machte sich auf den Weg nach unten, Omega blieb an Ort und Stelle.

Ich folgte der Frau. Zwischen den Seilen waren zahlreiche dünnere Fäden gespannt, über die man gehen konnte. Der Kokon war etwa dreißig Mannlängen lang, zehn breit und vier hoch. Im inneren fanden wir ein Dutzend Menschen vor, die an den Seiten lagen oder gerade aus Schüsseln aßen.

Sie sahen kaum auf, als wir eintraten.

„Wie ihr sehen könnt sind wir hier in Sicherheit vor den Spinnen." Sie deutete nach draußen, wo sich ein massiger Körper an einer Öffnung vorbei schob.

Ich blieb stehen. Der Spinnenkörper schob sich am Kokon vorbei. Unwillkürlich griff ich nach dem Unterkiefer, er an meinem Gürtel hing.

Die Frau sah die Bewegung und ergriff meinen Arm. „Wie leben hier mit ihnen in Frieden!"

Sie ging zu einer Aussparung und ergriff eine Schüssel. „Hier, iß! Wir haben genug davon."

Ich nahm die Schüssel entgegen. Der Inhalt war eine breiige Masse, rötlich, es roch nach den Spinnen. Um die Leute nicht zu beleidigen, probierte ich. Es schmeckte ganz anders als der Tau, den ich gewohnt war. Ich aß wenig, da ich die Nahrung nicht gewohnt war. Nach wenigen Bissen reichte ich der Frau die Schüssel zurück.

„Danke Dir. Wie heißt Du?"

„Ela. Und Du?"

„Gamma."

Sie deutete auf die anderen und nannte ihre Namen. Alle begannen mit einem E.

„Wie kommt ihr hierher?"

„Unsere Vorfahren fanden dieses Netz beim Aufstieg und haben mit den Spinnen gekämpft. Sie zogen sich in diese verlassenen Hütten zurück. Den belagernden Spinnen gaben sie ihre Toten, und die Spinnen ließen sie in Ruhe. So konnten wir hier leben. Sie geben uns häufig was zu essen, oder wir sammeln den Morgentau. Die Toten und Alten und Kranken geben wir an die Spinnen ab."

Ela begleitete mich zum Eingang.

„Bringt Eure Leute hierher. So können sie sich ausruhen, bevor ihr weiterklettert."

Kurz überlegte ich. „Das stimme ich mit den anderen ab."

Sie begleitete mich zum Seil. In weiter Entfernung bewegten sich Spinnen. Sie achteten nicht auf die Menschen und entfernten sich.

Meine Familie war erfreut, jemand anderen zu sehen. Daher willigten sie ein, trotz aller Bedenken, für einige Zeit bei Ela und den anderen unterzukommen.

„Ausruhen wird uns allen guttun!" hatte mir Venus gesagt. Lon tobte mit Elas Tochter zu ihrem Kokon. Wir anderen bewegten uns langsam auf den Fäden, die zu einem festen Untergrund verwoben worden waren, auf den Kokon zu.

Als eine Spinne am Kokon erschien wollte meine Familie zurück zum Seil fliehen. Ela hielt sie zurück und ging auf die Spinne mit offenen Armen zu. Diese wandte sich schließlich ab und stakte davon.

„Seht ihr, die sind harmlos. Nichts kann Euch passieren. Ihr müsst nur bei mir bleiben."

Meine Familie begab sich zum Kokon, aß und ruhte sich aus. Venus kuschelte sich an mich. „Endlich mal ausruhen. Ohne dieses ständige Klettern!"

„So haben wir bislang überlebt. Schon vergessen?"

„Vielleicht ist das die Möglichkeit, nach der wir so lange gesucht haben!", flüsterte sie mir zu. „Ich bin mir nicht sicher. Die Leute hier sind so träge, keiner ist draußen und tut etwas. Nur Ela und ihre Tochter scheinen noch richtig zu leben. Sie ist wohl die Anführerin!"

„Ich möchte, dass Lon an einem Ort aufwächst, wo wir nicht ständig auf der Flucht sind. Er soll es besser haben als wir."

„Und wenn es sich die Spinnen eines Tages anders überleben? Wenn die hier über uns herfallen, ohne Fluchtmöglichkeit. Was dann?"

„Warten wir es erst mal ab, was die nächsten Tage bringen!"

Die Familie verbrachte die nächsten Tage im Kokon und ging den Spinnen aus dem Weg. Immer wieder waren die schweren massigen Körper aufgetaucht und hatten den Kokon passiert. Die Familie hatte sich dann in eine hintere Ecke des Kokons eng aneinandergedrängt und das Vorbeigehen der Spinnen abgewartet. Nach drei Tagen begann die Familie den Kokon zu verlassen. Sie gewöhnten sich langsam an die Nahrung der anderen, sammelten dennoch den Morgentau auf.

Ela zeigte Venus und mir die nähere Umgebung. Kokons waren hier, leer.

„Die waren schon immer leer. Nur wir sind hier in der Umgebung. Sonst niemand." Lon hob eine Puppe empor, die mit Spinnenfäden verklebt war. Angewidert warf er sie fort.

Wir kehrten in den Kokon zurück.

„Und wie könnt ihr hier überleben?" Delta, Ela und ich standen am Eingang und beobachteten das Halbdunkel um uns herum. Weiter entfernt bewegten sich Spinnen.

„Wie gesagt, wir geben den Spinnen unsere Alten und Kranken. Sie lassen uns ansonsten in Ruhe. Wir stören Sie nicht, und sie lassen uns leben. So einfach ist das. Ihr könnt auch bei uns bleiben. Dann müsst ihr nicht mehr das Seil hinaufsteigen!"

„Das besprechen wir mit allen aus der Familie!" Ela nickte mir zu und ging.

„Ich traue den Spinnen nicht, und ich traue der Frau nicht!", raunte mir Delta zu. „Ich werde mich mal hier umsehen."

„Aber achte auf Dich. Den Spinnen kann man nicht trauen!"

Delta entfernte sich. Als ich mich umdrehte, sah ich Ela, die Deltas Fortgehen bemerkt hatte.

Wenig später legten wir uns alle schlafen.

Einige Zeit nach dem Aufwachen kam Ela zu mir und winkte mich heraus. Wir gingen eine Zeit die Seile entlang, bis wir zu einem kleinen Kokon kamen.

„Ich habe Euch doch gesagt, dass sich keiner vom Kokon entfernen soll ohne Bescheid zu geben!"

Sie deutete auf den ausgesaugten und eingesponnenen Körper von Delta.

„Er hat wohl eine der Spinnen angegriffen, hier ist jedenfalls sein Stock mit Spinnenblut dran!" Sie hielt mir einen Stock entgegen, an dessen Spitze Flüssigkeit silbern glänzte. „Die Spinnen wehren sich, wenn sie angegriffen werden! Das hat Euer Mann wohl nicht bedacht!"

Ich beugte mich über Deltas Körper, eingefallen, blutleer, eine Hülle. Die Augenhöhlen waren leer, im Brustbereich trug er große Bisswunden.

„Normalerweise war Delta vorsichtig. Das wundert mich sehr!"

Ela nahm mir den Stab aus der Hand und deutete auf den Kokon. „Wir sollten lieber wieder zurückgehen. Vielleicht ist die verletzte Spinne noch hier! Man kann nie vorsichtig genug sein!"

Wir gingen zurück zum Kokon. Wenig später kam eine der Spinnen vorbei. In ihrem Maul trug Sie eine Hülle, die sie am Kokon absetzte. Nachdem sie gegangen war, trat Ela hinaus und brachte die Hülle hinein. Er enthielt den rötlichen Brei, den die Leute verteilten und aßen.

Der Spinnengeruch überlagerte alles.

Nach wenigen Bissen legte ich das Essen beiseite.

„Familie!", rief ich alle nach dem Essen zusammen. „Wir müssen uns beraten!"

Die Familie kam vor dem Kokoneingang zusammen.

„Wir können hierbleiben oder weiterwandern. Da dies eine schwerwiegende Entscheidung ist entscheiden wir alle. Am besten stimmen wir ab. Wer will hierbleiben?"

Etwa ein Drittel zeigte auf.

„Und wer will weitergehen?"

Die anderen zeigten auf.

„Wer hierbleiben will soll bleiben. Wer mit mir gehen will soll sich auf den Aufbruch für morgen vorbereiten!"

Nachdem alle sich niedergelegt hatten schlich ich mich aus dem Kokon. Keine Spinne. Ging die Seile zu Deltas Leichnam entlang, ohne die Spinnen zu alarmieren. Kniete mich nieder und untersuchte den Körper. Als ich ihn von den Fäden befreit hatte und umdrehte fand ich eine große Wunde im Rücken.

Ein Geräusch ließ mich herumfahren. Ela stand hinter mir, den Stock stoßbereit erhoben. Ihr Gesicht war wutverzerrt. Ich warf mich zur Seite, der Stock bohrte sich in Deltas Körper. Packte ihren Arm, zog sie zu mir hinab und schlug gegen ihren Kopf. Ela taumelte zurück.

Ich kam hoch, sie war einige Schritte zurückgewichen.

„Was soll das?"

„Ihr sollt hierblieben. Wenn ihr bleibt, haben wir mehr für die Spinnen und wir überleben hier länger!"

Ich begriff. „Und der andere Kokon? Haben die ebenfalls fliehen wollen?"

„Ich habe ihren Anführer umgebracht. Die Spinnen haben die anderen überfallen. Niemand ist entkommen!"

„Und nun sollten wir herhalten!"

Ela kam mit dem Stock auf mich zu, das Gesicht verzerrt. „Wenn ich Dich loswerde, kann ich die anderen überzeugen. Delta wollte ich gestern auch überzeugen, aber er traute mir nicht. Da musste er sterben. Hier ist der Opferplatz, zu dem wir unsere Kranken und Sterbenden bringen!"

Ela kam näher. Was sollte ich machen?

„Deinen Körper werde ich in das mitgebrachte Tuch wickeln. Dann werden die Spinnen Dich aussaugen!"

Ich sprang hoch und brachte das Seil zum Vibrieren. Ela strauchelte und fiel auf die Knie. Sofort war ich bei ihr, drückte den Stock beiseite und schlug ihr ins Gesicht. Noch nie hatte ich jemand anderen geschlagen. Hier ging es um mich und um die Familie.

Ela brach zusammen. Mit einem Seil band ich ihre Hände zusammen und legte sie auf Deltas Leiche. Das Seil vibrierte unter mir. Spinnen kamen heran. Aus der Dunkelheit schälten sich ihre Körper. Eine der Spinnen holte auf, lief links an mir vorbei, kam auf mich zu. Heran. Beugte sich über mich. Stieß den Stock tief in den Halsbereich, warf mich zur Seite und entging den geifernden Kiefern nur knapp. Hoch, weiterlaufen. Meine Lunge brannte. Blick zurück. Die getroffene Spinne wand sich.

Die Spinnen waren bei Ela angelangt, eine der Spinnen hob den bewusstlosen Körper hoch. Als der Kiefer sich in ihr Fleisch bohrte erwachte Ela, schrie gellend auf – und verstummte.

Venus wartete am Kokoneingang, Lon auf den Armen.

Ich stürmte an ihr vorbei in den Kokon und brüllte, um die Familienmitglieder aufzuwachen. Packte die Dösenden am Arm und riss sie hoch. Ergriff den Spinnenkiefer und trieb die anderen an. „Die Spinnen kommen! Wir müssen weg hier!"

Die Familie wurde wach, Eltern packten ihre Kinder, und alle verließen hastig den Kokon. Die Mitglieder aus Elas Familie schliefen oder schauten uns dumpf zu. Draußen kamen die Spinnen rasch näher. Wir liefen zum Seil, auf dem wir hierhergekommen waren.

Hinter uns kamen die Mitglieder aus Elas Familie aus dem Kokon, schlaftrunken, langsam.

Musste zurücksehen. Die Spinnen fielen über sie her, packten sie und vergruben ihre Kiefer tief in dem zuckenden Fleisch. Ihre Schreie wehten herüber.

Schaudernd liefen wir zum Seil und begannen hinaufzuklettern. Wir alle trugen unsere Sicherheitsleinen.

Während die Familie hinaufstieg, blieben Beta und ich noch zurück. Zwei Spinnen waren nahe, entdeckten uns, liefen auf uns zu. Öffneten ihre Mäuler.

„Los, Beta. Wir sind die letzten. Klettere voran, ich komme nach!" Beta drehte sich um, legte seine Sicherheitsleine an und begann hinaufzuklettern. Dann begann auch ich, meine Sicherheitsleine anzulegen und zog mich das Seil hinauf.

Sah zurück. Die beiden Spinnen erreichten das Seil. Ihre Vorderbeine tasteten sich das Seil hinauf. Dann begann die erste ihren Körper das Seil hinaufzuziehen.

Die Familie beeilte sich. Die Angst vor den Spinnen beflügelte sie.

Unter mir vibrierte das Seil. Die beiden Spinnen bewegten sich langsam das Seil hinauf. Deutlich glänzte das riesige Maul der vorderen Spinne mit den beiden mächtigen Klauen. Es war nur eine Frage der Zeit, bis sie uns einholen würden.

Aus meinem Gürtel nahm ich den Spinnenkiefer uns begann das Seil unmittelbar unter mir durchzusägen. Beta tauchte über mir auf.

„Das schaffen wir nicht!", sagte er.

„Wir müssen. Oder die Spinnen fressen unsere Familie!"

Beta sah hinab zu den Spinnen, die kaum noch zehn Mannlängen entfernt waren. „Ich werde Dir Zeit verschaffen!", meinte er. Bevor ich begriff, was geschah löste Beta seine Sicherheitsleine.

„Rette die Familie!", rief er mir zu und sprang hinab. Mit beiden Füßen traf er die führende Spinne mitten auf den Kiefer. Der Panzer splitterte, die Füße drangen tief in den Kopf. Die Spinne griff mit den Vorderbeiden nach Beta, dabei lösten sich ihre anderen Beine vom Seil, und nach wenigen Augenblicken der Schwebe fiel sie hinab, schlug gegen die zweite Spinne, und riss diese mit sich in die Tiefe. Noch im Fallen sah ich Beta, der auf die Spinne einschlug. Dann verschluckte die Dunkelheit die drei.

Unten begannen weitere Spinnen das Seil hinaufzusteigen.

Mit dem Unterkiefer durchtrennte ich schließlich das Seil, das langsam hin und herglitt und kletterte meiner Familie hinterher. Die Spinnen blieben zurück.

Einstein hatte doch recht…

Der Junge spielte in der Gasse mit seinem Ball.

Immer wieder prallte der bunte Ball gegen die massive Backsteinmauer.

Das laute Plopp hallte durch die enge Gasse.

Gesichter erschienen an den Fenstern über ihm.

Eine Frau klopfte ihren Teppich auf dem Balkon aus, andere hängten Wäsche zum Trocknen auf.

Direkt hinter dem Jungen trat eine kräftige Frau auf den breiten Balkon, stemmte die Fäuste in die Hüften und sah zu ihm herunter.

„Ferdinand! Wie oft habe ich Dir schon gesagt, dass Du hier nicht Ball spielen sollst!"

Ferdinand packe widerwillig seinen Ball und sah zu der Frau hinauf.

„Mutter!"

„Ferdinand, leg den Ball beiseite und komm essen!"

Ferdinand trat an den Rand der Kellertreppe, deren Fuß im Dunkel lag.

Er warf den Ball so fest er konnte die Treppe hinab.

Unten prallte der Ball heftig auf dem Boden auf.

So begann der Urknall …

Schatten

Die Ausmaße der Halle ließen sich in der Dunkelheit nur erahnen. Auf der einen Wandlängsseite reichten schmale Fenster von der Mitte der Wand hinauf bis zur Decke, die sich in der Dunkelheit verlor. Wind blähte die roten Vorhänge und ließ Lichterwesen über den mit Mosaiken verzierten Hallenboden tanzen. Im sanften Mondlicht schälten sich für Augenblicke Statuen aus dem Dunkel.

Sie standen einzeln oder in kleinen Gruppen zusammen, trugen Kleidung aus vergangenen Jahrhunderten und hielten Waffen aus vergangenen Epochen in steinernen Händen. Der Gesichtsausdruck voll Entsetzen und Überraschung auf den steinernen Antlitzen war dem Bildhauer naturgetreu gelungen, als würden sie ihre unterbrochenen Bewegungen gleich fortsetzen. Einige hielten Speere wurfbereit, andere zückten ihre Dolche und Schwerter. Bei einer kleinen Gruppe lag ein Mann auf dem Boden und richtete sich halb auf, ein anderer bückte sich, um ihm aufzuhelfen, drei andere hatten ihre Schwerter zum Schlag erhoben.

Allen gemeinsam waren die weit aufgerissenen Augen, die auf eine schmale Seite der Halle gerichtet waren. Ein leichter Windhauch bauschte die Vorhänge wie riesige Fledermausflügel auf. Für einige Augenblicke drang mehr Mondlicht in die Halle und offenbarte dem unsichtbaren Beobachter verstohlen eine Gestalt. Der missgestaltete Körper wies überlange Arme und krumme Beine auf, die einen kurzen zerbrochenen Torso mit einem großen Buckel trugen. Langes, schwarzes, verfilztes Haar verbarg das Antlitz.

Die Gestalt bewegte sich mit schlafwandlerischer Sicherheit zwischen den Körpern und erreichte die breite Steintreppe am Ende der Halle. Auf den Stufen kauerten zwei Statuen, beide hatten die Arme zum Schutz erhoben, die Köpfe aber richteten ihre entsetzten Blicke auf die riesige Holztür mit massiven Beschlägen. Die Münder der Statuen waren zum lautlosen Schrei aufgerissen.

Ein kurzes Zögern. Mehrere überlaute Herzschläge lang verharrte die Gestalt an der Tür kauernd, der Kopf drehte sich nach allen Seiten, suchte in den Schatten, die von den Vorhängen tropften. Es schien, als sei die Gestalt unschlüssig über die weiteren Schritte. Endlich streckte sie die Hand mit den verkrüppelten Fingern aus, zuckte zurück wie nach einem heftigen Schlag. Der Blick wanderte erneut umher. Zögernd glitten die Finger durch die Dunkelheit zum großen Riegel und umfassten ihn.

Mit großer Behutsamkeit wurde der Riegel bewegt. Nur ein leises, kaum wahrnehmbares Schleifen war zu hören. Die Gestalt hielt inne. Eine klopfende Ewigkeit verharrte die Gestalt, bevor sie den Riegel ganz aufzog und die Tür einen Spalt weit öffnete, gerade ausreichend, um durchschlüpfen zu können. Ein warmer Windhauch umwehte die Gestalt, die die Tür wieder genauso leise hinter sich schloss.

Der kurze Windhauch aufgrund der offenen Tür hatte ein paar Kerzen eines nahestehenden dreiarmigen Kandelabers verlöschen lassen. Lange Wandbehänge umschmiegten die nahen Wände. Ihre Motive waren kaum auszumachen, verwirrende Kreaturen, windend, aufgerissene Mäuler, funkelnde Augen. Auch hier verlor sich die Nacht unter der unsichtbaren Decke. In einiger Entfernung standen weitere mehrarmige Kandelaber, mehr als mannshoch, mit großen schwarzen Kerzen, auf denen die roten Flammen einen verzweifelten Kampf gegen die Nacht führten. Die Gestalt hatte bei ihrem Eintritt sofort den Schutz der Wand und der Behänge gesucht.

Der Blick glitt durch die Dunkelheit des Raumes. Mit einer jahrelang erworbenen Sicherheit bewegte sich die Gestalt vorsichtig durch den Raum, wich Kisten und Truhen mit verschlungenen Ornamenten untergegangener Äonen aus, die nur im letzten Augenblick erkennbar waren, und hielt sich aus dem Lichtkreis der Kerzen.

Gegenüber der Tür gab es schmale raumhohe Fenster. Sanftes Licht glitt durch die hohen Fenster und ließ auf dem mineralischen Boden Abbilder der Sterne am Nachthimmel aufleuchten. Verblasste Striche und Schriftzeichen waren auf dem Boden erkennbar.

Aufgrund des fahlen Mondlichtes war die Gestalt in der Lage, das große Bett auszumachen, das unweit der Fenster eine Ecke des Raumes ausfüllte. Hoher weiter Baldachin, gehalten von Statuen: aufrechtstehenden Lebewesen mit aufgereckten Armen und zähnefletschenden Mäulern. Andere nur verschwommen erkennbare Statuen flankierten die Liegestatt.

Lautlos kam die Gestalt noch näher heran, wagte kaum zu atmen. Ein Schatten unter Schatten. Nur noch wenige Schritte trennten die Gestalt von dem Bett. Verharrendes Abwarten an einem der Bettpfosten. Verkrümmte Finger glitten über den Körper der Kreatur. Die Gestalt kauerte nieder

und drehte den Oberkörper weg, um das kurze Auf-
blitzen einer Klinge im Licht des Mondes zu ver-
bergen. Kriechend bewegte sich die Gestalt nun am
Rande des Bettes entlang. Unter den vielen Decken
und Kissen war ein liegender Körper auszumachen.

Ruhig und verhalten glitt die Gestalt näher
heran. Der Körper war noch wenige Schritte ent-
fernt. Ausholen. Kurz blitzte die Klinge auf, ra-
sches Zustoßen, vier, fünf, sechs Mal hintereinan-
der. Die Gestalt verharrte und riss mit einer
kraftvollen Bewegung die Decke vom Körper. Im
Mondlicht waren Kissen erkennbar, die den Körper
gebildet hatten, nun zerschlitzt.

Ein Klatschen in der Dunkelheit. Die Gestalt
wirbelte herum. Kerzen begannen überall zu bren-
nen. Aus dem Dunkel schälte sich eine Silhouette
heraus, mehr als dreimal so groß wie die gebeugte
Gestalt am Bett, die angstvoll zu den Fenstern zu-
rückwich, die Klinge abwehrbereit gehoben.

Langsam kam die verhüllte Silhouette näher
heran: die langen dunklen fließenden Gewänder
und weiten Ärmel und die vorgeschobene Kapuze
ließen keine Gesichtszüge erkennen und vermittel-
ten ein Bild der personifizierten Dunkelheit.

*Ich habe dich gespürt, als du die Halle betre-
ten hast! Du warst sehr unvorsichtig, Darak!*

Die tiefe Stimme dröhnte in Daraks Kopf. Er
presste die Fäuste gegen die Schläfe und taumelte
zurück, bis er mit dem Rücken an die Wand stieß.

"Nein!" Er dachte er würde es flüstern, aber
Darak schrie seinen Schmerz laut hinaus. Das Echo
hallte von den Wänden wieder.

*Dein Vorhaben war völlig vergebens. Aber du
hast mich amüsiert. Dafür lasse ich dich am Leben*

und werde sich nicht wie die anderen Toren drau-
ßen in der Halle zu Stein verwandeln! Auf ewig
werden diese Narren meinen Schlaf bewachen. Ich
schenke Dir Dein Leben!"

"Was ist das für ein Leben? Früher war ich
voller Kraft und wohlgestaltet. Du mich auf dem
Sklavenmarkt gekauft und mich nur zu deiner Be-
lustigung gefoltert. Knochen ließest du mir bre-
chen und falsch zusammenwachsen, Muskeln hast du
zerreißen lassen, ein Auge ist geblendet, die Fin-
ger sind kaum zu gebrauchen. Das ist kein Leben!"

Du hast mir wahrhaftig kurzweilige Unterhal-
tung geboten. Du hast mehr ausgehalten als die an-
deren in all den Jahren vor dir. Die meisten dei-
ner Rasse waren nach wenigen Tagen oder Wochen
tot, doch du hast nun schon ein Jahr bei mir aus-
gehalten. Das ist viel! Ich sollte den Spaß noch
ausdehnen!

Darak schwieg. Wie Schläge waren die Worte in
seinem Kopf gewesen. Er taumelte umher, die Klinge
hielt er aber immer noch in der Hand. Durch die
Fenster kroch die Kühle der Nacht und ließ seine
nackte Haut frösteln.

Du bist eines meiner besten Spielzeuge und
hast mir sehr gute Unterhaltung geboten. Das
Sträuben, als du nicht deine Bettgefährtin vier-
teilen wolltest! Oder als du dich weigertest eure
Kinder den gierigen Fresswürmern auszusetzen! Ich
ließ Dich Tausenden die Haut bei lebendigem Leibe
abziehen! Und du konntest sich nicht dagegen weh-
ren!

Lautes Lachen drang in Daraks Kopf und hallte
donnernd wieder. Er schrie auf und brach zusammen.

Ihr seid eine so minderwertige Rasse! Es war
gut von uns, euch bei uns aufzunehmen!

Pochende Worte, peitschend. Schmerz.

„Ihr lügt! Ich habe die alten Bücher in den tiefen Katakomben bei den Alten Weisen lesen gelernt, die vor Generationen aufgeschrieben wurden. Wir stammen von einem Planeten namens Erde. Früher waren wir die Beherrscher des Gestirns, dann seid ihr aufgetaucht in euren silbernen Kugeln und habt die meisten Menschen ausgelöscht. Die wenigen Überlebenden wurden wie Vieh zusammengetrieben hierher verschleppt, und seit dieser Zeit müssen wir euch bedienen, sind eure Sklaven! Niedriger als die Würmer in der Wüste!"

Darak machte einen Schritt nach vorne. Die Gestalt hatte das Bett erreicht und glitt geräuschlos näher. Das Antlitz lag auch weiterhin völlig im Schatten.

„Aber für meine Rasse besteht noch Hoffnung! In den Büchern steht geschrieben, dass wir euch widerstehen können und müssen. Nur wenn wir uns nicht aufgeben, werden wir eines Tages frei sein! So steht es niedergeschrieben und so ist es überliefert."

Du Narr!

Darak wand sich vor Schmerzen.

Ich habe die Bücher vor tausend eurer Generationen verfasst, lange nachdem keiner von deinen mehr wusste, wer ihr seid und woher ihr kamt. Ich ließ euch die Bücher finden, um euch Hoffnung zu geben und in dem Willen zu bestärken, hier zu überleben.

Die Silhouette glitt noch näher zu Darak heran, verharrte drei Schritte von ihm entfernt.

Ich wollte so euren Widerstand erhöhen. Damit ich euch länger foltern und meine Freude an euren

Qualen haben kann! Für eure minderwertige Rasse gibt es keine Hoffnung!

Darak schrie auf und stürzte sich mit der Klinge auf die Silhouette.

Aus den verschlungenen Ärmeln glitt ein Tentakel und vollführte zwischen ihnen einige Bewegungen. Die Luft fing Feuer und brannte. Der Feuerring erreichte Darak, verschluckte ihn und hinterließ nach einem kurzen Schrei nur einen grauen Aschehaufen, den der aufkommende Wind zerblies.

Das Wesen glitt hinaus auf den Balkon und hob den Blick nach oben zu den drei Monden, die am Firmament leuchteten. Langsam wandte es den Blick abwärts, wo unterhalb des Gebäudes armselige Hütte standen, Feuer brannten, schemenhafte Bewegungen waren dazwischen auszumachen.

Morgen werde ich mir einen neuen Sklaven aussuchen. Ich hoffe, dass er ebenso unterhaltsam sein wird wie Darak! Seit zwanzigtausend Generationen sind sie unsere Diener und werden es auch immer bleiben. Wir sind die Herrscher.

Wir...

ESCAPE

PROGRAMM SPIEL „DIE HERRSCHER VON MELLOCK"

BEENDEN

Die grünen Hügel der Erde

Ich erwachte in einem großen hellen Raum. Als ich die Augen aufschlug, sah ich zuerst die Lampen über mir. Sie blendeten mich und ich schloss wieder die Augen. Zögernd öffnete ich sie und drehte den Kopf. Neben mir waren Liegen aufgebaut. Zahlreiche Personen lagen hier. Links und rechts von mir konnte ich Dutzende von Liegen sehen. Alle waren besetzt. Überall begannen sich die Körper zu regen.

Über mir erschien das Gesicht eines Arztes. Er trug die Abzeichen und die Mütze eines Arztes, sein Gesicht war von einer Maske verdeckt.

„Na, wie fühlen Sie sich? Noch bisschen benommen bestimmt!"

„...Asche zu Asche, Staub zu Staub. Und so übergeben wir unseren geliebten Ehemann und Vater Henry Smithers der Erde mit nichts ..."

Bilder von Leuten tauchten vor mir auf, Gesichter, lachend, mir etwas erzählend...

Verwirrt sah ich den Arzt an. „Ich...ich erinnere mich an Dinge..."

„Das ist normal. Bald werden Sie wieder ganz der Alte sein. Wenn es Ihnen dann besser geht, können Sie uns dann Bericht erstatten!"

„Bericht...erstatten...? Worüber...?"

„Über Ihren Zielplaneten! Was sonst..."

Ich versuchte mich zu erheben, war aber noch zu schwach. Ich bat den Arzt mir in eine sitzende Position zu helfen. Andere setzten sich auf, manche mit Hilfe von Ärzten und Helfern. Der Raum war riesig. Sicherlich 300 x 300 m und 30 m hoch. Wieviele andere hier lagen konnte ich nur schätzen. Es mussten mehr als 1.000 sein. Der Arzt wies

mich an, abzuwarten, bis meine Kräfte wieder zu-
rückkehrten.

„...Papa, schaukel mich höher. Stoß mich fester
an. Ja, genauso!" Ein lachendes Kleinkindergesicht
drehte sich auf der Schaukel zu mir herum. Lachen
erklang im Blau des Himmels.

Ich rieb mir die Augen und hielt mir den Kopf.
Zwei Hände stützen meinen Körper, die anderen bei-
den meinen Kopf. „Was ist los mit mir?"

„Das sind die Nachwirkungen des gefühlten Da-
seins."

„Was..."

„Sie haben die Sachen schon mehrmals gemacht,
Infiltrator Abgadaan der sechste von zwölf. Sie
müssen sich nur an ihr wahres Leben erinnern. Das
dauert nach dem soeben durchlebten Dasein einige
Zeit. Dann kommt die Erinnerung an ihr wahres
Sein zurück."

„Was..."

„Nur kurze Erklärung: Sie werden künstlich in
ein Koma versetzt, ihre Seele durchstreift gezielt
die Galaxis nach anderen Lebensformen. Sie werden
kanalisiert und in dem Körper der jeweiligen Le-
bensform geboren. Ihr Körper ist hier bei uns im-
mer in Stasis. Sie durchleben das Sein einer ande-
ren Lebensform und erfahren so alle wichtigen
Dinge, die wir wissen wollen: Struktur der Gesell-
schaft, Politisches System, Militärische Kraft,
Aufbau der Familien, Verwundbarkeiten der ein-
zelnen Individuen, lohnt es sich den Planeten aus-
zubeuten und die Bewohner zu unterwerfen? Es ist
das Standardinfiltrationsprogramm!"

„Vater... gehe nicht. Du fehlst uns! Bleib bei
uns..."

Er sah das Gesicht seiner Frau, alt und grau, die ihn festhielt und die Gesichter seiner Kinder. Er hatte fünf gehabt. Sie hatten sich alle versammelt, um sich von ihm zu verabschieden. Die Ärzte im Krankenhaus hatten die Hoffnung aufgegeben und so war er nachhause entlassen worden, um die letzten Tage im Kreis der Familie verbringen zu können. Und dann hatte er gemerkt, wie sein Körper immer schwächer wurde und er in die Dunkelheit fiel ... *Vater!*

Er stand auf, hielt sich an der Liege fest und stand wackelig da. Die Erinnerungen an sein Leben in der Familie waren präsent, vom Tag seiner Geburt bis zu seinem Tod. Er hatte immer viel gelernt, sich immer für alles interessiert.

Der Arzt hielt ihm einen Apparat hin.

„Hier ist ihr Aufzeichnungsgerät, Infiltrator!"

„Halten sie es an den Kopf und alle ihre Erinnerungen werden übertragen. Wir können dann die Daten auswerten!"

„Vater! Nein...!"

Der Infiltrator hielt das Gerät unschlüssig in den Händen. Der Arzt zeigte auf eine Reihe von Durchgängen.

„Dort geben Sie dann das Aufzeichnungsgerät ab. Nach der Auswertung wird der Rat entscheiden, ob er den Planeten angreift, den sie besucht haben." Der Arzt sah auf seine Unterlagen. „Wie war es eigentlich so auf ... der Erde?"

Der Infiltrator sah auf den Arzt hinab.

„Sehr schön! Die Lebewesen sind nicht wie wir. Sie leben in Frieden mit sich und den anderen Wesen. Sicherlich jagen und essen sie auch andere Geschöpfe, aber sie greifen keine anderen Planeten an, um diese auszubeuten, so wie wir es tun. Wir versklaven Dutzende von Welten bei jedem Umlauf, sie nicht!"

Der Arzt sah ihn streng an.

„Nehmen Sie das Gerät, zeichnen Sie alle Ihre Erlebnisse, Gefühle und Erkenntnisse auf und geben Sie das Gerät an dem Durchgang ab! Das haben Sie schon häufig getan!"

Unschlüssig stand der Infiltrator da.

Er nahm das Gerät in die Hand und ging auf den Durchgang zu.

Seine jüngste Tochter blies die Kerzen auf dem Geburtstagskuchen aus. Sie lachte und klatschte in die Hände und gab seiner Frau und ihm einen Kuss.

Er traf eine Entscheidung. Er ging auf den Durchgang zu. Das Gerät hielt er vor sich. Am Durchgang wurde er schneller und lief hindurch.

Der Arzt betätigte einen Knopf an seiner Uniform und wies auf den Laufenden. Soldaten am Durchgang richteten die Waffen auf den Laufenden und begannen zu schießen. Getroffen fiel er zu Boden und begann sich aufzulösen, bis selbst der Fleck sich auflöste, zu dem er zerfallen war.

Der Arzt trat zu der Stelle, wo der Infiltrator gestorben war. Ein anderer Arzt trat zu ihm. „Was war los?"

„Wieder einer, der seine Erfahrungen über eine Welt nicht teilen wollte. Es ist schon der vierte, der die Welt nicht aufzeichnen will. Dort muss etwas sein, das sie alle magisch anzieht!" Er zuckte mit den Achseln. „Was auch immer. Bereiten wir den nächsten Infiltrator für den Einsatz auf der ..." - Er sah auf einem Tablet nach - „...Erde vor!"

Elise

Laufen.

Schnell laufen.

„Ich kann nicht mehr!" jammert Elise.

Ich packe die Hand meiner kleinen Schwester und ziehe mit mir.

„Du musst! Sie kommen!"

Äste knacken hinter uns, Männerstimmen. Befehle. Hundegebell. Kläffen kommt schnell näher.

Sehe dunkle Gestalten zwischen den Bäumen.

Wir drücken uns an einen Baum. Versuche Elise auf die untersten Äste zu heben.

„Halt Dich fest!"

Ihre Finger rutschen ab.

„Ich gehe zuerst, dann hebe ich Dich rauf zu mir!"

Die Hunde.

Bin auf dem untersten Ast und beuge mich herab. Meine Finger erreichen ihre Hand, versuche sie festzuhalten.

Die Hunde sind heran.

Direkt vor mir schnappen geifernde Kiefer zu. Elise verschwindet schreiend unter schwarzen Schatten. Ein Kiefer verfehlt meine Hand, schwinge mich zurück und klettere rasch den Baum hinauf.

„Elise!"

Ihre Schreie gehen im geifernden Zuschnappen unter. Klettere weiter hinauf, bis es nicht mehr geht und ich den Boden kaum sehen kann.

Bewaffnete zerren die Hunde mit blutigen Lefzen zurück.

„Komm runter, Du Wechselbalg!"

Pfeile sirren hinauf zu mir, prallen an den Ästen ab.

Die Bewaffneten drohen mir mit gepanzerten Fäusten.

Der Wind bewegt die Äste. Halte mich fest.

Mein Herz beruhigt sich langsam.

Ein gewaltiges Brüllen hallt von den Baumwipfeln.

Die Bewaffneten sind verwirrt, schwingen ihre Äxte und Schwerter, halten ihre Lanzen stoßbereit.

Sie lassen die Hunde los.

Lautes Kläffen verwandelt sich in wildes Geheul.

Dann ist das laute Brüllen heran.

Sehe undeutlich zwischen den Ästen einen gewaltigen grauen Körper, der zwischen die Bewaffneten fährt.

Schreien. Lautes Brüllen. Hilferufe.

Stille.

Drücke mich eng an den Baumstamm.

Etwas großes Graues schlängelt sich den Baumstamm empor.

Unmittelbar neben mir durchstößt ein riesiger Kopf mit Schuppenhaut das Blätterdach: rote funkelnde Augen, im klaffenden blutverschmierten Maul große Reißzähne.

Das Wesen starrt mir direkt in die Augen.

„Jetzt ist die Jüngste der Brut tot! Und das ist Deine Schuld, mein Sohn!" Ich senke meinen Kopf.

„Los, komm runter!"

Der riesige Kopf zieht sich zurück.

Ich folge dem großen grauen Körper nach unten.

Am Boden bleibt mein Vater hocken.

Menschen und Hunde liegen aufgebrochenen Puppen gleich um den Baumstamm herum.

Jetzt kann ich deutlich den Körper meines Vaters sehen: so lang wie drei Männer, mit dickem Schuppenpanzer, einem riesigen Maul, sechs krallenbewehrten Füßen, einem langen Schwanz mit Dornen am Ende.

Behutsam nimmt er die Überreste von Elise mit den Vorderbeinen hoch.

„Los, komm! Wir müssen hier weg sein bevor noch mehr von denen kommen!"

Das dichte Unterholz nimmt uns auf.

Die Reparatur wird teuer

„Die Reparatur wird teuer. Sehr teuer!" Der Techniker kratzte sich am Kopf und sah zu mir hinüber. „Keine Ahnung, wie lange das dauern kann. Ich weiß nicht mal, woher ich die Ersatzteile erhalten soll. Das wird selten gefragt."

„Geld spielt keine Rolle." Ich sah an ihm vorbei durch eines der runden Fenster nach draußen. Marktgeräusche drangen gedämpft in seine Werkstatt.

Der Techniker zuckte mit den Achseln. „Sie müssen es ja wissen!" und wandte sich dem Gerät zu, das auf dem Tisch vor ihm lag und besah es von allen Seiten. „Es war lange in Gebrauch. Das sieht man!"

Er hob es empor, detaillierte visuell alle Seiten. „Das ist ein richtiges Kunstwerk. Sehr filigran, sehr selten hier draußen bei uns im Randgebiet."

Seine Augen bohrten sich unvermittelt in meine. „Haben Sie es gestohlen?"

„Nein. Es gehört mir."

Seiner Mimik entlas ich, dass er mir nicht glaubte. Schließlich legte er das Gerät vorsichtig auf die Tischplatte zurück, holte aus der Overalltasche ein Tuch und wischte sich die Hände daran ab. Er umrundete den Tisch und baute sich vor mir auf.

„Alles in allem ... drei Wochen. Und viertausend! Einverstanden?"

Ein Wucherpreis. Aber ich hatte keine Wahl. Hier im Randgebiet des Orion Clusters gab es nur wenige fähige Techniker. Unter seinem rauhen und schmutzigen Äußeren verbarg er einen scharfen

Verstand. Dass er seinen Job verstand, zeigte mir die Behutsamkeit, mit dem er das Gerät untersucht hatte, sanft und beinahe liebevoll.

„Drei Wochen. Ich werde wiederkommen!" und wandte mich zur Tür. An der Schwelle blieb ich stehen, drehte mich zu der Gestalt am Tisch um. „Achten sie darauf, dass das Gerät nicht zufällig abhanden kommt!"

Der Techniker nickte. „Es wird in 3 Wochen fertig sein. Ihr Herz!"

Der Schreiber

Piep

Piep

PIEP

Hofmann erwachte durch das laute Piepen neben seinem Kopf. Mühsam öffnete er die Augen, sah zur Quelle der Geräusche. Seine Augen fokussierten langsam. Direkt neben seinem Kopf war ein Überwachungsmonitor angebracht. Mehrere Linien liefen über den Monitor.

Piep

Piep

Er schloss die Augen. Seine Gedanken verloren sich in der Schwärze seiner Erinnerungen. Bilderfetzen durchzuckten sein Bewusstsein. Auto. Fahren. Straße. Nacht. ... Lenkrad wurde riesengroß. Dann ein Abheben und ... Leere

Er hob unter Anstrengungen seine rechte Hand und legte sie auf seine Augen.

„Was zum ..."

Hofmann öffnete die Augen wieder und sah zur Decke über sich. Weiß gestrichen.

Piep... Piep

Hofmann sah erneut zum Monitor, drehte langsam den Kopf, sah die Fenster auf der linken Seite, durch heruntergezogene graue Rollläden verdeckt. Nach rechts ... da stand ein Mann, in Weiß gekleidet, ein Klemmbrett in den Händen, fleißig schreibend.

„Was...was ist passiert?" erkundigte sich Hofmann bei dem Weißgekleideten.

„Sie hatten einen Unfall!"

„Wo bin ich hier?"

„Im örtlichen Krankenhaus!"

„Und wer sind Sie?"

„Ich bin Ihr Schreiber!"

„Was?"

„Ihr Schreiber. Ich schreibe alles auf, was Sie denken und fühlen!"

„W...wie?"

„Nicht so schnell, nicht so schnell! Ich komme mit dem Schreiben kaum nach!" Der Mann schrieb so schnell, dass seine Finger über das Klemmbrett rasten. „Mutter ... Schwester ... Ihre 2. Frau Mary, der Hund. Ihr Boss Jameson...der Unfall...Ihre Beine schmerzen..."

Der Mann starrte ihn an. Der Schreiber hörte auf zu schreiben, die Hand mit dem Stift verharrte, er sah den Mann über das Klemmbrett hinweg an und wartete.

„Es gibt keinen Grund mich zu beleidigen, Herr Hofmann!" sage er. Seine Stimme war weich und leise.

Der Mann war immer noch fassungslos. „Und wer sind Sie?"

„Wie gesagt – Ihr persönlicher Schreiber!"

„Hat...hat jeder einen persönlichen Schreiber, der die Gedanken notiert?"

„Jeder hat einen persönlichen Schreiber."

„Wo gehen die Aufzeichnungen hin?"

„Die Aufzeichnungen werden jeden Abend eingesammelt! Wo sie hingehen, weiß ich nicht. Sie werden zentral gesammelt."

Der Mann suchte nach Worte.

„Und... nachts?" stieß er hervor. „Wenn wir schlafen?"

Der Schreiber sah ihn an, schrieb langsam weiter. „Da arbeiten sogar 2 Schreiber – weil so viel zu tun ist."

„Ich...ich..." Der Mann dämmert weg.

Als er erwachte sah er zwei Schreiber vor seinem Bett stehen. Beide schrieben. Der eine, den er schon kannte, nickte dem andern zu, der das Zimmer verließ.

Die Krankenschwester erschien. Hinter ihr marschierte eine weiß gekleidete Frau, die unaufhörlich Notizen auf einem Klammbrett machte. Sie nickte dem anderen Schreiber zu. Die Krankenschwester prüfte die Geräte, nahm ihm Infusionen und Kontrollkabel ab. „Herr Hofmann, ihnen geht es den Umständen entsprechend gut. Sie haben den Unfall gut überstanden Noch einige Tage hier bei uns, dann sind Sie wie neu!"

Der Schreiber hinter ihr notierte unablässig.

„Sehen Sie Ihren Schreiber neben sich?" Die Krankenschwester sah ihn verständnislos an. „Welchen Schreiber?"

„Die Person neben ihnen!"

Sie sah zur Schreiberin, die direkt neben ihr stand. „Ich sehe niemanden. Sie sollten sich noch eine Weile ausruhen, Herr Hofmann!"

„Dann muss ich wohl halluzinieren. Geben Sie mir bitte otwas, damit ich einschlafen kann!"

Sie reichte ihm eine Tablette und ein Glas Wasser. Als sie das Zimmer verließ, folgte ihr die Frau in Weiß.

Hofmann sah seinen Schreiber an.

„Herr Hofmann, es ist keine gute Idee, mich erschießen zu wollen. Das funktioniert nicht!"

Hofmann starrte ihn weiter an. „Weglaufen geht auch nicht!" erläuterte der Schreiber.

Hofmann wurde langsam müde, dämmerte weg, Bilder in Technicolor: Die Autofahrt auf der Landstraße, er weicht dem entgegenkommenden Wagen aus, sein Fahrzeug gerät in den Kies neben der

Straße, die Reifen bleiben in einer tiefen Rille hängen, der Wagen überschlägt sich...

Und während der dem Dunkel entgegendämmert hörte er leise eine Stimme sagen: „Nicht so schnell, Herr Hofmann, nicht so schnell! Ich komme mit dem Aufschreiben kaum nach!"

Wie alles begann

Der 12. Juni des Jahres 1907 versprach warm zu werden. Hier in Tiflis, der südlich des Kaukasus gelegenen georgischen Hauptstadt, verlief das Leben normal. Die Menschen gingen ihren alltäglichen Geschäften auf den Marktplatz und in den Geschäften an den Straßen nach. Irgendwo läuteten Glocken und eine Kirche rief die Gläubigen auf, sich in ihr zu versammeln. Auch ein Mann in einem Offiziersmantel ging durch die engen Straßen, kam zum Eriwanplatz und blieb am Rand stehen. Hier zündete sich Koma eine Zigarette an und inhalierte tief den Rauch, Seine Augen suchten über den Platz nach Männern, die er hier treffen wollte. Er sah auf die Uhr. Noch genügend Zeit! dachte er und steckte seine Hände tief in die Manteltaschen. Dabei schlossen sich seine Finger um die Griffe von Revolvern, die er sich für heute besorgt hatte. Das kalte Metall ließ ihn die Angst vergessen. Wieder sah er auf seine Uhr. Der erwartete Transport würde in zehn Minuten hier sein. Er entdeckte Männer, die sich langsam, aber zielstrebig über den Platz bewegten und in günstig gelegenen Häusern verschwenden. Alle trugen unauffällige Kleidung und einige längliche Taschen.

Ein Mann kam zielstrebig auf ihn zu. Komas rechte Hand umfasste den Griff eines Revolvers. Der Mann begrüßte ihn.

„Hallo Koba, alles so wie geplant ausgeführt?" fragte er ihn.

Der Neue nickte und zündete sich ebenfalls eine Zigarette an. Rauchend beobachteten sie den Platz. "Krassin hat alles vorbereitet. In der Nacht hat man die Ladungen seinen Anweisungen gemäß angebracht. Alle Männer sind verteilt und warten."

Der Mann in der Offiziersuniform nickte. Blick auf die Taschenuhr. Noch drei Minuten. Die beiden Männer gingen langsam über den Platz. Jetzt, um die Mittagezeit, wirkte der Platz wie ausgestorben. Endlich hörten sie das Rumpeln näherkommender Fahrzeuge. Kamo, wie der Deckname des Mannes in der Offiziersuniform lautete, schnippte die Zigarette weg und zog den Revolver, überprüfte ihn kurz und sah sich um. Hinter ihm kam niemand, auf den Platz nur noch einige Passanten. Kabo ging über den Platz und betrat eines der Häuser am Rand. Hier führte der nicht gepflasterte Weg am Rand des Platzes an den Häusern vorbei.

Schließlich erschienen drei Fahrzeuge. Dem ersten Fahrzeug – einem LKW – folgte ein gepanzerter Lastwagen, aus dem Gewehrläufe ragten. Dicht hinter dem gepanzerten Fahrzeug folgte ein weiterer LKW, auch mit schwerbewaffneten Soldaten besetzt. Diese sahen sich alle aufmerksam nach allen Seiten um. Kamo konnte deutlich die Uniformen der Soldaten ausmachen. In der Mitte direkt hinter der Fahrerkabine stand ein Offizier, Pistole in der Hand.

Die Fahrzeuge fuhren langsam auf den Platz.

Als das führende Fahrzeug an einer Wegbiegung langsamer wurde hob Kamo dreimal den linken Arm gerade in die Luft. Drei heftige Explosionen ertönten. Der vordere Wagen war direkt über der Bombe gewesen als diese hochging. und das Vorderteil des Wagens hob sich und fiel in Zeitlupe zur Seite. Der gepanzerte Wagen befand sich über einer Sprengladung, als diese hochging. Der Wagen stieg steil mit dem Hinterteil in die Höhe, kippte zur Seite. Der zweite Begleitwagen kurvte wild an den beiden Wagen vorbei, wurde durch die dritte Detonation durchgeschüttelt, blieb stehen. Aus den Häusern neben der Stelle eröffneten Männer mit Pistolen und Gewehren das Feuer. Kleine Fontänen umtanzten den wild fahrenden Wagen, als die Kugeln in den Boden fuhren. Getroffen schrie einer der Männer im Wagen auf und fiel heraus. Dann traf eine Kugel den linken Vorderreifen. Der Fahrer konnte den Wagen nicht mehr unter seiner Kontrolle halten und der überschlug sich. Schreiend wurden die Männer herausgewirbelt. lagen betäubt oder verletzt herum; einer war unter dem Chassis in der Falle, und schrie, bis ihn eine Kugel traf. Fünf Männer rannten jetzt aus einem Haus zu dem gepanzerten LKW. Soldaten der Begleitmannschaft, die noch unverletzt waren, nahmen sie unter Beschuss. Sie verschanzten sich hinter dem ersten umgestürzten Begleitwagen. Unter dem heftigen Feuer aus den Häusern mussten sich die Soldaten zurückziehen. Dann erreichten die Männer den LKW und befestigten eine Sprengladung am Boden und zogen sich feuernd zurück. Ein Soldaten lief quer über den Platz, auf Kamo zu, der hinter einem dicken Baumstamm Deckung genommen hatte. Als er noch wenige Schritte entfernt war, trat Kamo hinter dem Baumstamm hervor und schoss zweimal. Die Kugeln trafen den Mann in die Brust und warfen ihn zurück, als wäre er gegen eine unsichtbare Wand gelaufen. Kamo beobachtete, wie seine Männer, die die Mine an das gepanzerte Fahrzeug gepackt hatten, das nächste Haus erreichten, und kurz darauf ertönte eine große Explosion. Der schwere

LKW schlidderte einige Meter über den Boden. Keiner in dem LKW schien die Sprengung überlebt zu haben. Kamos Männer liefen erneut auf den LKW zu und deckten die verschanzten und fliehenden Soldaten mit wildem Feuer ein. Einer erhielt einen Schuss in die Schulter und fiel nach hinten. Ein Angreifer wurde hoch in die Brust getroffen und fiel schreiend auf den Rücken. Ein anderer schulterte ihn und trug ihn zurück zu einem der Häuser. Die anderen Männer zogen einen prall gefüllten Ledersack aus dem LKW. Ein 2. Mann wurde getroffen, wurde von seinen Kameraden in Sicherheit geschleift. Die Angreifer verschwanden in den Gassen zwischen den Häusern. Kamo drehte sich um und lief vom Platz. Einige Kugeln fuhren neben ihm in den Boden. Er lief zwischen den Häusern in eine Nebenstraße, erreichte einen wartenden Wagen. Die anderen mit den Verwundeten waren schon losgefahren. Der Wagen fuhr los. Nach zehn Minuten Fahrt durch die verwinkelten Straßen – er kannte sich hier aus wie kaum ein zweiter – hielt er an einer Hintertür eines alten Holzhauses. Er hupte zweimal und ein Mann erschien – Koba.

Koba trat aus dem Haus, kam zum Auto und warf einen Geldsack hinten auf den Rücksitz, bevor er neben Kamo Platz nahm.

„Alles glattgegangen?" fragte Kamo, wie sich der armenische Bolschewik Petrossjan nannte.

„Wir haben die Verwundeten in Sicherheit gebracht", antwortete Koba.

Kamo nickte und fuhr los. Am Abend brachte er den Geldsack zum Direktor der Sternwerte, wo Koba arbeitete, und versteckte ihn unterm Sofa. Insgesamt wurden bei diesem Überfall am 12. Juni 1907 341.000 Rubel erbeutet, 3 Menschen getötet und 50 verwundet. Die Polizei konnten keinen der beim Überfall beteiligten Bolschewiki fassen. Die Beute wurde später zum Aufbau der Bolschewiki-Bewegung benutzt. Koba, der mit Lenin in Berlin die Vorbereitung für diesen Überfall geplant hatte, erhielt später einen anderen Namen, der ihn berühmt machen sollte.

Stalin.

Untergebene

„Es ist unvorstellbar!", rief der Minister in das tragbare TelKo.

Er deutete auf die Straße hinter sich. Fahrzeuge brannten, eingeschlagene Scheiben von Geschäften, Ordnungskräfte schossen auf Plündernde. Zwischen den Wolkenkratzern und hohen Gebäuden erschienen Rotorgleiter der Ordnungskräfte. Sie stießen auf die Plündernden hinab und eröffneten das Feuer. Mehrere Plünderer fielen schreiend zu Boden, andere erwiderten das Feuer. Getroffen stürzte ein Rotorgleiter hinab, zog eine schwarze Rauchwolke hinter sich, bis er ein Gebäude rammte und in einer großen Feuerwolke explodierte.

„Sie haben es wirklich gewagt! Sie sind aus ihren Sklavenunterkünften ausgebrochen und haben uns hier angegriffen!"

Das Gesicht auf dem Monitor wich zurück, drehte sich um.

„Sie sind auch bei uns! Überall scheinen die Sklaven einen Aufstand angezettelt zu haben! Wir…" Laute Stimmen im Hintergrund. Gestalten erschienen im Blickfeld, Waffen schwingend. Die Person am Monitor wurde weggezerrt, ein Schuss ertönte. Ein anderes Gesicht erschien. Große Augen starrten ihn an.

„Du bist der Nächste!", rief die Gestalt. Dann erlosch der Bildschirm.

Im gesamten Universum hatte sich in den letzten 100.000 Jahren ein Gleichgewicht eingestellt. Hier und da gab es Unruhen, Kriege und Katastrophen, aber das Imperium hatte sich in weiser Handhabung über das bekannte Universum ausgebreitet und eine Ära des Wohlstandes erschaffen.

Für die Herrschenden.

Für alle anderen Arbeiten hatte man Roboter entwickelt, bis man auf eine primitive Lebensform stieß, die man mit den eigenen Genen kreuzte und so einen fähigen und gefügigen Arbeiter schuf. Sie arbeiteten in den Gärten, kümmerten sich um den Haushalt, die Kinder, erledigten alle niederen Tätigkeiten. Manche stiegen auch auf, doch nur bis zu einer Grenze. Die Herrschenden waren sehr bedacht, ihre Macht zu behalten und nicht zu teilen. Als einige der Untergebenen ihren Unmut äußerten wurden sie hart bestraft. So hofften die Herrschenden, würde die Angst die Untergebenen zur Vernunft bringen. Angst sollte ihr stetiger Wegbegleiter sein. Um ein Exempel zu statuieren, wurden an einem Tag in einer Stadt auf Dandraos III die Wohnviertel der Untergebenen von den Ordnungskräften abgeriegelt und alle zusammengetrieben – und erschossen. Ihre Leichen ließ man in den Straßen liegen, das Viertel wurde von einer hohen Mauer für immer abgeschlossen. Das Ganze wurde live auf allen Kommunikationskanälen übertragen. Die Zahl der Toten schätzte man auf etwa 35.000.

Die Nachricht vom Massaker von Dandros III verbreitete sich schnell. Wie so oft in der Geschichte hofften die Herrschenden, dass eine starke Hand die Untergebenen unterwerfen würde. Das Gegenteil war das Fall. Immer mehr brodelte es unter ihnen. Es blieb es nicht auf einen Planeten beschränkt. Überall begannen die Untergebenen aufzubegehren. Zuerst weigerten sie sich, Arbeiten auszuführen, dann kamen sie gar nicht mehr zur Arbeit. An einigen Orten wurden Herrschende geschlagen, Häuser angezündet. Die Nachricht verbreitete sich unter den Untergebenen. Anführer schwangen sich an die Spitze der aufgebrachten Massen, die die Wohnviertel verließen und Geschäfte plünderten, Häuser der Herrschenden anzündeten, gegen die Ordnungskräfte vorgingen. Überall kam es zu heftigen Auseinandersetzungen. Die Untergebenen erreichten die Raumflughäfen, plünderten die Gleiter oder zwangen die Piloten, sie von dem Planeten zu fliegen.

Der oberste Herrscher stand vor einer Wand von Monitoren. Auf allen sah man die Unruhen, Plünderungen, brennende Ortschaften, gekaperte Raumgleiter. Gesichter erschienen. Man hatte auf seine Anweisung hin die Monitore stumm geschaltet. So riefen die Gesichter Worte, die niemand hörte. Er ließ seinen Blick über die Monitore wandern. Hin und wieder betrachtete er einen Monitor länger. Dann wandte er sich an den Minister für Innere Sicherheit, der im respektvollen Abstand hinter ihm wartete.

„Wie viele Welten sind betroffen?"

„Fast alle, Sire!" Der Minister sah hinab auf den Boden. „Wir haben Schwierigkeiten, die Kontrolle zurückzugewinnen. Vielerorts sind unsere Streitkräfte völlig überrascht worden. Die Aufständischen haben Garnisonen geplündert und sind dann in die Städte gezogen!"

Der Oberste Herrscher stellte sich direkt vor den Minister. Dieser hob langsam den Kopf und sah dem Herrscher ins Gesicht.

„Ich verlange, dass die Aufstände niedergeschlagen werden. Wir werden sie wieder in ihre

Gebiete zurücktreiben und einkesseln. Der Hunger wird sie zur Vernunft bringen. Des Weiteren verlange ich die Auslieferung aller Anführer. Ich werde mir etwas Besonderes für diese Rebellen ausdenken!"

Er winkte und der Minister entfernte sich. Der Oberste Herrscher stellte sich wieder an die Monitorwand.

Es dauerte lange, fast 10 Sonnenumläufe, bis alle Aufstände im Keim erstickt worden waren. Die Herrschenden hatten sich ein Sonnensystem nach dem anderen vorgenommen und waren dabei brutal vorgegangen. Widerstand wurde überwunden, gebrochen, vernichtet. Ganze Gebiete wurden unbewohnbar gebombt.

Am Ende trieb man die Überlebenden zusammen, brachte sie mit Gleitern in den Orbit um den Zentralplaneten. Hier schwebte ein ausgehöhlter Komet. Die Gleiter landeten in den Hangars an den Polen und luden ihre lebende Fracht ab. Immer wieder landeten Gleiter, Tausende wurden ausgeladen, registriert, in Gruppen eingeteilt, im Inneren über Aufzüge und Rampen zu Schlafkammern gebracht und dort eingesperrt.

Die Zellen bildeten den Rand des ausgehöhlten Kerns, wie Waben in einem Bienenkorb. Sie umgaben den ganzen inneren Bereich. In der Mitte befanden sich die Wohnbereiche der Wachen und die Überwachungseinrichtungen. Alle Gefangenen hatten bei der Ankunft eine Nummer eingebrannt bekommen, die man mit einem Scanner erfassen und prüfen konnte. Einige Insassen wurden nicht in die Schlafkammern gepackt. Sie sollten die unangenehmen Arbeiten ausführen.

Der Oberste Herrscher saß hinter einem großen Schreibtisch. Vor ihm kniete der Anführer der Aufständischen, ein verwahrlostes, ungewaschenes und freches Subjekt. Zwei Wachposten hielten ihn mit Ketten am Boden, vier weitere Wachen richteten ihre Waffen auf ihn. Respektlos schaute der Mann um sich, dann in das Gesicht des Obersten Herrschers.

„Du bist Garath, der Anführer der Rebellion!"

Garath nickte.

„Du hast gegen die Ordnung verstoßen! Ihr alle habt gegen die Ordnung verstoßen! Wir konntet ihr es wagen, Du und Deinesgleichen, gegen uns die Hand zu erheben!"

„Wir wollten frei sein, keine Sklaven mehr sein!"

„Es steht dem Sklaven nicht frei, seinen Status zu ändern!", meinte der Oberste Herrscher. „Wir geben die Anweisungen und ihr dient uns. Das war schon immer so!"

„Umstände ändern sich!"

„Umstände! Dass ich nicht lache! Nichts ändert sich! Wir haben Euch erschaffen und wir können Euch auch vernichten! Einfach so!" Der Herrscher machte eine wegwerfende Handbewegung.

„Ihr habt uns erschaffen, weil ihr uns braucht. Wir haben nicht darum gebeten, erschaffen zu werden. Jetzt sind wir da und wir verlangen die gleichen Rechte wie alle anderen freien Lebewesen!"

„Ihr seid nicht frei, ihr seid unsere Untertanen! Wie kannst Du es wagen, euch freie Lebewesen zu nennen?" Er stand direkt vor dem Gefesselten und schrie ihm ins Gesicht. Er überragte den Gefangenen um mehr als das doppelte. „Ihr seid

nichts als Tiere, die wir bei uns dulden!" Dann
schlug er dem Gefesselten ins Gesicht. „Für Euren
Frevel werdet ihr büßen! Ich habe alle Überleben-
den zusammentreiben lassen. Ihr werdet auf einem
primitiven Planeten ausgesetzt und müsst dort von
vorne beginnen. Das wird euch mindestens 100.000
Jahre beschäftigen. Wir werden über Euch wachen
und Euch genau beobachten. Solltet ihr Eure Ange-
wohnheiten nicht ablegen werden wir Euch ver-
nichten!"

Er winkte und die Wachen zogen den Gefessel-
ten durch eine Tür davon. „Wir werden wiederkom-
men!", rief er noch, dann glitt die Tür hinter ihm
zu.

Garath wurde von den Wachen zu einem Gleiter
gebracht und in einem Sitz festgeschnallt. Wäh-
rend der Gleiter vom Raumhafen ablegte und in den
Orbit flog beobachtete Garath die Umgebung. Nach
der Atmosphäre sah er die Sterne im Weltall. Sie
steuerten auf den Mond zu, der bald die gesamte
Sicht einnahm. An den Polen öffnete sich ein
Schott und sie flogen hinan. Landung. Die Wachen
zerrten Garath hinaus. Sie brachten ihn zu einem
Podest, wo ein Beamter in dunkler Kleidung saß.
Ein Wachposten las die Nummer des Gefangenen ab.

„Ebene 84, Zelle 84-1002!", meinte der Beamte.

Die Wachen brachten Garath zu einem der Auf-
züge und fuhren mit ihm hinab. Auf der Ebene 84
stoppte der Lift und sie stiegen aus. Der Gang vor
den Schlafzellen war breit genug für drei Perso-
nen. Garath prägte sich alles ein. Er begutachtete
den Boden, über den sie gingen. Er betrachtete den
Wachturm in der Mitte des riesigen Baus. So etwas
hatte er vorher noch nie gesehen. Er war sich

nicht sicher, ob die Herrscher einen Mond ausge-
höhlt oder ob sie eine Kugel bauten und sie mit
einer dicken Schicht Gestein überzogen hatten. Es
war egal. Überall wurden Untergebene zu den
Schlafkabinen gebracht. Manche wehrten sich, an-
dere gingen schicksalsergeben. Kinder weinten,
alte Frauen jammerten. Die Wachen trieben die Un-
tergebene in die Schlafkabinen. Deckel öffneten
sich, die Untergebene legten sich hinein, die De-
ckel schlossen sich. Manche hämmerten mit den
Fäusten gegen die Deckel, bis sie betäubt zusam-
mensanken.

Garath wurde zu seiner Zelle gebracht. Der Zu-
gang befand sich im Fußboden. Der Deckel öffnete
sich auf Knopfdruck einer der Wachen. Garath
musste hineinsteigen. Als er sich weigerte erhielt
er einen Stromstoß, der ihn betäubte. Er wurde in
die Kapsel geschoben und dämmerte im Schlafgas-
nebel ein. Automatisch wurde sein Körper durch
Vorrichtungen ausgerichtet, sein Gesicht von ei-
ner Maske bedeckt, die ihn mit Sauerstoff ver-
sorgte. Ein Gerät am Hals prüfte Puls, Atmung und
Körperfunktionen.

Der Kommandant des kugelförmigen Raumschif-
fes prüfte alle hereinkommenden Daten. Das Ver-
laden der Gefangenen ging planmäßig voran. Wenige
Tage später meldete sich der Oberste Herrscher
beim Kommandanten. Er wünschte ihm einen guten
Flug und riet ihm, die Gefangenen stets wachsam
im Auge zu behalten.

„Man kann ihnen nicht trauen. Sie sind sehr
gerissen und zu allem fähig!"

„Wir werden sehr auf sie achtgeben!", sagte der
Kommandant.

„Guten Flug!" wünschte der Oberste Herrscher.

Die Triebwerke des kugelförmigen Raumschiffes liefen an. Sie bewegten den Mond vorwärts, die Drehbewegung sorgte für einen stabilen Stand für die Wachen, die auf den Gängen patrouillierten. Es war gespenstisch ruhig. Nur wenige Geräusch erklangen durch das weite Rund.

Tage, Wochen, Monate verstrichen.

Die Schlafenden träumten, überwacht von Computern. Die Wachen machten ihre Runden. Einige der Untergebenen führten Reinigungsarbeiten durch.

Der Kommandant prüfte immer wieder die Flugroute, den Energieausstoß, die Lage der Gefangenen. Alles verlief planmäßig. Alles drei Tage meldete er sich beim Obersten Herrscher und gab den Stand der Dinge durch.

Das Sonnensystem, das sie ansteuerten, befand sich 10 Lichtjahre entfernt von den äußeren Bereichen des Imperiums. Ein Vorauskommando hatte Kometen und Asteroiden aus der Flugbahn entfernt. Ruhig glitt das kugelförmige Raumschiff dahin.

Als es den Zielplaneten erreichte, schwenkte es in die Umlaufbahn ein. Auf der abgewandten Seite befanden sich Einrichtungen wie Raumflughäfen, Sendestationen, Wohnbereiche der Wachhabenden. Das Raumschiff bewegte sich um den Planeten, bis es die ideale Position erreicht hatte. Vom Planeten aus gesehen deckte das Raumschiff genau die Sonne ab, umschwebte den Planeten immer im gleichen Abstand, stets war die gleiche Seite zu sehen.

Garath erwachte langsam und hielt sich den Kopf. Nur widerwillig erinnerte er sich an die letzten Eindrücke. Er hob den Kopf und sah durch den geöffneten Deckel nach außen. Er sah die gepanzerten Beine der Wachen. Sie ergriffen ihn und zogen ihn aus der Kabine.

Auf dem Gang standen weitere Untergebene. Sie begrüßten ihn, als sie ihn sahen. Die Gruppe von zwanzig wurde in einen Lift getrieben und zur Landeplattform gebracht. Dort bestiegen sie einen Gleiter. Sie blieben alle stehen, weitere wurden hineingebracht. Es war so eng, dass sie nicht die Arme heben konnten.

Sie spürten, wie der Gleiter abhob und sie das kugelförmige Raumschiff verließen. Ein Rumpeln und Hitze zeigten ihnen an, dass sie durch die Atmosphäre glitten. Nach einer weiteren halben Stunde stoppte der Gleiter. Die hintere Tür öffnete sich und sie fielen hinaus, als der Gleiter den Bug hob. Der Gleiter flog davon. Die Gefangenen rappelten sich auf und sahen sich um. Eine weite Graslandschaft mit wenigen Bäumen lag vor ihnen, in der Ferne Berge und dichte Wälder.

Weitere Gefangene wurde abgeladen. Sie sammelten sich.

„Was sollen wir tun?", fragte einer der Gefangenen.

Garath kletterte auf einen der nahestehenden Bäume.

„Leute, hört mich an. Wir werden uns in den Wald begeben, dort finden wir Unterkunft. Wir werden uns organisieren und wieder eine Gesellschaft aufbauen!"

Er hob drohend die Faust gegen das kugelförmige Raumschiff.

„Wir werden eines Tages wiederkommen!", rief er.

Dann stieg er hinab und die Gruppe bewegte sich langsam durch die Graslandschaft zu den Bäumen. Die nachfolgenden Gefangenen folgten den ersten und so erreichten sie die Wälder. Viele hungerten, viele verhungerten auch. Aber die meisten schafften es, die erste Zeit durchzukommen. Langsam bauten Sie eine Gemeinschaft auf, jagten, fischten, bauten sich Unterkünfte, lebten in Höhlen. Sie begegneten anderen, die ihnen ähnelten. Es kam manchmal zu Kämpfen, meistens ging es friedlich ab.

Und sie vergaßen niemals den Wunsch, zum Raumschiff zurückzukehren, auf dem sie hierhergekommen waren.

Der Kommandant sah auf seinen Monitor. Einer seiner Offiziere trat zu ihm.

„Alle Gefangenen sind auf den Planeten gebracht worden!", sagte er.

Der Kommandant sah auf den Monitor und nickte.

„Bringt ihnen noch einiges an Nahrung und Arbeitsmitteln. Wir wollen sie ja nur bestrafen und nicht alle vernichten!"

Der Offizier nickte und ging davon.

Der Kommandant hatte sich mit seinen Untergebenen immer gut verstanden. Jetzt würde er über sie wachen und sie beobachten. Seine Anweisungen waren eindeutig. Aber er würde hin und wieder ihnen auch Hilfe leisten.

Er hatte die Menschen immer gemocht …

Du musst das Herz deines Feindes essen

Weit hinter ihnen erhellten die Flammen der Stadt den Saum der Sterne. Sie drehten sich auf dem mit Steinen übersäten Hügelkamm kurz um. Der eine überragte den anderen um mehr als einen Kopf und war fast doppelt so schwer. Er trug die Kleidung eines Söldners aus dem Süden, der kleinere die wallende Kleidung eines Städters – und fror im pfeifenden Nachtwind, der seine langen Haare maß.

„Ich werde nie begreifen, wie es den Schwarzen Legionen gelang, die Hafenstadt zu erobern, Städter!" meinte der Söldner und überprüfte automatisch den Sitz der Waffen an seinem breiten Gürtel.

„Sie müssen Helfer gehabt haben!"

„Ach ja?"

„Gestern Abend hat jemand die Ausfalltore am Hafen geöffnet, so dass eine Kohorte der Schwarzen Legion eindringen und die großen Tore an der Südseite öffnen konnte. Wie Wahnsinnige haben sich die Legionäre in den Straßen aufgeführt. Ich hörte die Schreie der geschändeten Frauen, der gepfählten Kinder und der Männer, denen man bei lebendigem Leibe die Haut abzog. Meine Leute hingen an Seilen an den Mauerzinnen und wurden langsam zu Tode gefoltert. Ich konnte ihre Schreie hören, während ich mich im Keller unter Leichen verbarg. Zuletzt starb mein Sohn. Deutlich erkannte ich seine Stimme. Sie hatten ihn hinter einen Wagen gebunden und durch die ganze Stadt geschleift. In seiner Todespein rief er nach mir. Und ich konnte nichts für ihn tun."

„Ich hatte furchtbare Angst und habe mich in einem Boot versteckt, bis das Gemetzel vorbei war!"

Die Stimme des Städters war leise, wehte durch das Gesicht des Söldners. „Als sie in dem Boot auftauchten, dachte ich, auch mein Ende sei nun gekommen. Hätten sie mich nicht niedergeschlagen hätte ich sicherlich geschrien und wir beide wären auf einem Scheiterhaufen gelandet, die die Nacht erhellen."

„Wir hatten verdammt Glück, als wir auf dem Blutfluss an den erleuchteten Lagern der Legionäre vorbeitrieben, ohne entdeckt zu werden. Sie haben ihren blutigen Sieg mit Folterungen Gefangener gefeiert. Niemals hätte ich geglaubt, dass Menschen so laut schreien können!"

Sie schritten den Hügel hinab, ohne ein Wort zu sagen. Die Mondsichel war im Westen aufgegangen und flutete das Tal vor ihnen mit fahlem Licht. Schweigend durchquerten sie das Tal und erklommen einen Hügel. Der Städter geriet außer Atem und schleppte sich müde hinter dem Söldner den Abhang hinauf, der geschulterte Sack schien mit jedem Schritt schwerer zu werden.

Der Söldner blieb auf dem Kamm zwischen mehreren Dolmen stehen und hielt Ausschau nach allen Seiten. Einige Dolme waren umgefallen, wenige standen noch aufrecht. Der Wind flüsterte zwischen den verwitterten Monumenten, dürre Äste griffen nach Schatten. Schwer atmend blieb der Städter neben dem Söldner stehen, der aufmerksam die Umgebung beobachtete.

„Können wir erst einmal hier rasten? Ich bin völlig fertig."

Der Städter sank neben einem der Dolme nieder und versuchte seinen Atem zu beruhigen.

„Ich frage mich immer noch, wie die Legionäre uns so überrumpeln konnten! Es muss einer ihrer Leute gewesen sein!", meinte der Städter.

Der Söldner war aufgesprungen und packte den Städter an den Rockaufschlägen und zog ihn zu sich heran, wobei dieser auf die Zehenspitzen gehen musste, um ihm in die Augen zu sehen.

„Sie gehörten doch zum Rat, der uns angeworben hat! Wir haben ihre Stadt mehr als ein Jahr lang gegen die Angriffe der Schwarzen Teufel gehalten! Wie oft haben wir ihre Standarten von den Mauerzinnen und ihren Belagerungstürmen zurückgeschlagen. Viele von unseren Köpfen endeten als Schmuck auf ihren Standarten. Nein! Niemand von meinen Leuten kann es gewesen sein! Niemand! Ist das klar?" Er stieß den Städter zurück. „Ich sollte sie hier zurücklassen, damit sie hier elendig verrecken!"

Er aß etwas von dem harten Brot, das er vor der Flucht noch einstecken konnte. Nach einiger Zeit des Schweigens bot er dem Städter eine Scheibe an.

„Wir haben in unserer Einheit immer nach dem Satz gehandelt, dass wir bereit sein müssten, das Herz unserer Feinde zu essen, erst dann wären wir wahre Krieger!" Er erhob sich und schloss für einen Augenblick die Augen, während er sich kurz verbeugte. „Ehren wir das Andenken all der tapferen Männer, die das Herz der Feinde gegessen haben!"

Müde sank er wieder auf den Dolm und kaute an dem Kanten weiter. Der Städter bröckelte kleine Stücke ab und steckte sie sich in den Mund. Der Söldner war angewidert von den schlanken Fingern, die niemals einen Schwertknauf oder eine Feldhacke umfassen mussten. Leben auf Kosten anderer!

Er sah kurz auf seine schwieligen Hände. Seitdem er zurückdenken konnte war er immer Soldat gewesen. Eltern? Er erinnerte sich an die warmen Hände und die sanfte Stimme seiner Mutter, an den Vater bei der Feldarbeit. Später überlagerten Flammen die Szenerie, Schreie. Männer mit im Mondlicht blitzenden Klingen eilten durch das Gehöft, Blut auf dem Boden. Sie nahmen ihn mit, machten ihn zu einem der ihren und brachten ihm das Töten bei. Später tötete er im Zweikampf die Mörder und Vergewaltiger seiner Eltern, wurde der Anführer einer Abteilung und führte sie stets erfolgreich. Nach diesem Kampf hatte er sich zur Ruhe setzen wollen, stattdessen floh er nur mit dem, was er am Leibe trug, mit einem Schwächling durch die Wildnis, die Horden der Schwarzen Legion kaum mehr als einen Gedanken entfernt!

Er schüttelte den Kopf und aß weiter.

Als wenig später der Städter mit Feuersteinen versuchte ein Feuer zu entzünden trat er ihm die Steine aus der Hand. „Wollen sie, dass ihre Haut an einer Hütte ausgehängt wird? Wenn sie ein Feuer machen, sieht man das meilenweit!"

Der Städter sagte kein Wort, rollte sich nur in seinen Mantel und nahm den Sack als Kopfkissen.

Der Söldner legte sich ebenfalls schlafen, das Schwert griffbereit.

Bevor der Tag die Umarmung der Nacht abgelegt hatte erwachte der Städter und sah sich um. Der Söldner saß auf dem nahen Dolm. Seine Umrisse hoben sich gegen die Dämmerung ab, die im Osten graute. Der Städter beobachtete die langen schwarzen Haare, die in Zöpfen auf dem Rücken lagen und die Rüstung, die schwach im fahlen Licht glänzte.

Als er sich mühsam und gerädert vom harten Lager erhob wandte sich der Söldner um. „Morgen!" grüßte er kurz, seine Lippen zum spöttischen Lächeln verzogen.

Brummend erwiderte der Städter den Gruß und richtete sich langsam auf. Die weite Ebene unter ihnen schlief noch, im Westen glomm noch schwacher Widerschein der brennenden Stadt. Zwischen ihnen und dem Schein glitten Fackeln durch die Dunkelheit.

„Jemand verfolgt uns!", meinte der Söldner. Es war eher eine Feststellung als eine Warnung.

„Vielleicht wollen die unser Herz essen!", meinte der Städter spöttisch. Der Söldner warf ihm nur einen kurzen Blick zu und schnürte sein Bündel.

Wenig später brachen sie auf.

Sie bewegten sich durch ein Labyrinth aus schmalen Schluchten und folgten ausgetrockneten Flussläufen, stets darauf bedacht, keine Fußspuren zu hinterlassen. Als die Abenddämmerung hereinbrach, erreichten sie einen Hügelkamm und sanken müde zu Boden.

Sie hatten gehofft, die Verfolger täuschen zu können, aber die Verfolger hatten sie beinahe eingeholt. Es waren Reiter der Schwarzen Legion, düster gepanzerte Gestalten auf gepanzerten Rappen. Silbern glänzten ihre Waffen und Visiere im letzten Licht. Sie trabten langsam heran.

„Heute ist ein guter Tag zum Sterben!" rezitierte der Söldner mit zusammengekniffenen Lippen und zog das Schwert. Mit dem Knauf berührte er die Stirn und hob es grüßend gen Himmel.

„Vielleicht sollten wir..."

Ein sehniger Arm bog seinen Kopf zurück, silbernes Aufblitzen, rasender Schmerz in seiner Kehle, Worte ertranken in einer Blutfontäne. Während er nach hinten gerissen wurde und zu Boden sank, sah er hinauf zu den Sternen. Der Söldner lächelte, während der Städter über ihm gebeugt war und ihm seine nackte Brust zeigte. Er hob den Kopf des Sterbenden, damit er mit brechenden Augen das schwarze Pentagramm sehen konnte, das auf der Brust prangte und ihn als einen der Anführer der Legion auswies.

„Was glaubst du wohl, wie die Legion unbemerkt in die Stadt eindringen konnte?!"

Er lachte, die Sterne warfen den schrillen Ton zurück.

Mit raschen Schnitten trennte der Städter den Brustkorb des Söldners auf und riß das Herz hinaus. Er hielt den blutigen Klumpen vor die brechenden Augen des Söldners.

„Es stimmt! Man muss das Herz des Feindes essen!" und biss hinein.

Wenig später umringten ihn die Reiter.

Das Schiff

Der Mann kauerte neben dem Toten und sah dem Mann in die gebrochenen blauen Augen. Fast zärtlich fasste er dem Toten ans Kinn und drehte den Kopf auf die andere Seite, so dass die Augen zur Seite auf das Gehwegpflaster starrten. Mit einer fließenden Bewegung zog er das dünne Messer mit gezackter Klinge aus der Brust des Toten, wischte die Klinge sorgfältig an der Jacke des Toten ab. Behutsam schnitt er ein Stück des langen Daumenfingernagels der linken Hand des Toten ab, hielt das kleine Stück hoch und lächelte. Er steckte das Messer in eine Scheide unter seiner weiten Lederjacke. Er stand auf, sah sich um und eilte den Gehweg entlang. Das Stück Fingernagel hielt er hoch und lachte. Menschen, die ihm entgegenkamen, wichen seinem Lachen aus, huschten davon.

„Ja, lauft ihr Sterblichen! Die Ratten wissen, wenn sie ein sinkendes Schiff verlassen müssen!"

Hinter ihm ertönte ein lauter Schrei. Er drehte sich um. Zwei Frauen in guter Kleidung waren den Gehweg entlanggegangen und waren fast über die Füße des Toten gestolpert. Der Mann eilte schneller den Weg entlang. Jemand rief ihm nach. Er reagierte nicht, lief fast. Menschen kamen ihm entgegen, machten seinem entschlossenen Gesicht und wild funkelnden Augen Platz. Ein leichter Wind blies durch die Straße, bewegte seine langen Haare.

Eine Sirene heulte auf, im Gehen wandte sich der Mann um. Ein Streifenwagen war mit quietschenden Reifen an der Leiche angehalten. Zwei Polizisten stiegen aus und traten zur Leiche. Eine der Frauen zeigte auf ihn. Der Mann drehte sich um und lief die Straße hinab. An einer Straßenecke bog er ab und lief die Nebenstraße entlang. Hinter ihm ertönte eine Polizeisirene. Nur wenige Menschen kamen ihm entgegen. Er wich ihnen aus, überquerte die Straße und eilte zwischen zwei Häusern durch eine enge abfallübersäte Gasse. Ein Hund kläffte. Er hielt das Stückchen Fingernagel fest in seiner linken Hand verschlossen. Kurz blieb er stehen, steckte den Fingernagel behutsam in seine Jackenbrusttasche. Dann lief er bis zum Ende der Gasse, zog sich einen Zaun hoch und schwang sich hinüber. Er lief durch den verwahrlosten Garten und lief an dem dunklen Haus zur Straße. Die Sirene hinter ihm wurde lauter, die Polizei schien wieder seine Spur aufgenommen zu haben. Kurz orientierte er sich, dann wandte er sich nach links und lief die sanft abfallende Straße zum Hafen hinab. Am Ende der Straße erschien ein Polizeiwagen. Quietschende Reifen, der Wagen setzte zurück und fuhr die Straße entlang. Der Mann erreichte das Ende der Straße, das mit einem vom Hafen abgetrennt war. Er nestelte am Schloss, es fiel ab, er drückte den Zaun auf und eilte zum Kai, der spärlich beleuchtet wurde.

Der Polizeiwagen hielt am Zaun, zwei Polizisten sprangen heraus, zogen ihre Pistolen und eilten auf den Kai zu. Deutlich sahen Sie den Gesuchten, der am Ende des Kais stand und an seiner Jacke nestelte. Die Polizisten näherten sich ihm, leicht versetzt, um gute Schusspositionen zu haben.

„Stehenbleiben!" bellte der größere Polizist. Beide hatten ihre Waffen auf den Mann gerichtet, der mit dem Rücken zu ihnen stand.

Der Mann drehte sich langsam um und schien dabei zu wachsen. Er trug ein Kettenhemd, Beinschienen, mit einem Schwert an seinem Gürtel und holte hinter seinem Rücken mit der rechten Hand einen gehörnten goldenen Helm hervor. Die linke Hand hielt er immer noch geschlossen. Er setzte sich den Helm auf.

„Keine Bewegung!", rief der Polizist. „Sie sind festgenommen!"

Der Mann öffnete die linke Hand, hielt mit Zeigefinger und Daumen das Stückchen Fingernagel hoch.

Die beiden Polizisten sahen einen gigantischen Schatten herangleiten, dann erschien ein riesiges schwarzes Schiff am Kai, mit geblähten Segeln. Der Riese trat an den Schiffsrumpf und steckte das Stück Fingernagel hinein.

„Das reicht!" schrie der eine Polizist. „Hände hoch!"

Er bewegte sich näher an den Riesen heran, in der rechten Hand seine Pistole, links hielt er Handschellen hoch.

„Wir werden Sie jetzt festnehmen!"

Der Riese drehte sich zum Polizisten herum und deutete auf ihn, als würde er eine lästige Fliege verscheuchen. Der Polizist lösche sich in eine Aschewolke auf. Sein Kollege sah auf das Häuflein Asche zu seinen Füßen, das der Wind aufwirbelte und mich sich trug.

„Ich bin Loki und mit dem letzten Fingernagel habe ich endlich mein Schiff fertiggestellt, Sterblicher!" donnerte ihn der Riese an. „heute beginnt der letzte Kampf!" Er zog sein großes Breitschwert und stieß es in den Himmel. „Heute, Sterb-

licher, wirst Du Zeuge vom Beginn des Endes! RAG-
NARÖK! Die Götterdämmerung! Vater, ich komme!" Er
drehte sich um und betrat das Schiff über ein
Fallreep, das direkt hinter ihm eingezogen wurde.

Das Schiff legte ab, und verschwand mit ge-
blähten Segeln in der Nacht.

Der erstarrte Polizist sah ihm fassungslos
hinterher.

Brücke

Die Brücke liegt ruhig da, schält sich vor mir aus der Nacht: groß, spinnenartig. Die Lampen im Nebel verliehen dem Ganzen ein unwirkliches Aussehen. Zwischen den befestigten Uferwegen fließt träge der Fluss dahin. Das Mondlicht glitzert auf den Wellen, als wären Millionen Diamanten darauf ausgestreut.

Meine Hand gleitet wie eine weiße Spinne das Treppengeländer hinauf. Links oder rechts ist niemand zu sehen. Überquere die Brücke, stehe am Geländer auf der anderen Seite. Unter mir die lockenden Fluten. Aus den Fluten scheint mir ein Gesicht entgegen – ihres.

Lachen, große klare Augen.

Marie...

Zwinge meinen Blick ans Ufer, schließe die Augen, ihr Gesicht ist immer noch vor mir. Stütze mich am Geländer ab, presse die Stirn gegen Stahl.

Warum nur? Warum nur, ihr Götter? Warum habt ihr sie genommen und nicht mich? Ich fuhr den Wagen, nicht sie!

Der Schmerz überwältigt mich, breche in die Knie, presse mein Gesicht an die Stäbe des Brückengeländers.

Marie! Ich dachte ich würde ihren Namen flüstern, aber ich schrie ihn in die Nacht hinaus.

Wut erfüllt mich, ziehe mich am Geländer hoch und will mich darüber schwingen.

„Halt! Tu's nicht!"

Ich fahre herum. Aus dem Schatten zwischen zwei Trägern tritt mir eine Gestalt entgegen. Sie bleibt vor mir stehen, ihr Gesicht im Schatten verborgen. Es muss eine Frau sein, der Stimme nach.

„Es lohnt sich nicht zu springen! Es löst keine Deiner Probleme! Glaube mir!"

Etwas in ihrer Stimme zieht mich an, ich mache einen Schritt auf sie zu.

„Das Leben ist einfach zu kostbar, um es wegzuwerfen! Es gibt noch so viele Dinge, die Du machen kannst, machen wirst, machen musst! Deine Zeit ist noch nicht gekommen!"

„Ich... Marie...d...der Unfall!" stammele ich.

„Ich weiß. Aber es gibt noch so viele Dinge zu lernen und zu erleben!"

„Ich...ich..."

„Du hast noch nichts vom Leben gesehen. Glaube mir! Wirf es nicht achtlos weg!"

„Wer...wer bist Du?"

Sie tritt vor, völlig durchnässt, bleich, grünblau angelaufenes Gesicht, müde leere Augen.

Die Augen... sie bannen meine. Ich mache einen Schritt auf sie zu, sie dreht sich um und geht.

Hinterlässt nasse Fußspuren.

Das Zelt

Die beiden Arbeiter in grauen Overalls und grauen Schirmmützen traten an den Mann mit dem Klemmbrett.

„Wo finden wir Zelte? Wir brauchen ein Campingzelt, am besten in grün!"

Der Mann blätterte die Seiten auf seinem Klemmbrett durch.

„Wir haben in Gang 5 links noch ein großes Armeezelt. Das muss genügen. Dann soll er etwas anderes träumen!"

Die beiden Arbeiter zogen ab und kamen wenig später mit einem großen Armeezelt in Tarnfarben zurück. Sie blieben beim Mann mit dem Klemmbrett stehen.

„Das hier ist das einzige, was wir noch gefunden haben!"

Der Mann nickte und wies auf einen Bereich in ihrer Nähe. Andere Arbeiter in grauen Overalls arbeiteten emsig in einer Landschaft.

„Bringt das Zelt dorthin!"

Die beiden zogen mit der schweren Last ab.

Der Mann blätterte das Klemmbrett durch und fluchte.

Er schaltete sein Sprechfunkgerät ein, das an der linken Schulter befestigt war.

„Hallo Zentrale, hier Lager 12. Uns gehen die Zelte aus. Habe soeben das letzte weggegeben und weiß nicht, wann Nachschub kommen wird oder wann das Zelt zurückgebracht werden kann!"

„Hier Zentrale. Lager 12, wir haben keine weitere Lagerware. Sie müssen mit dem auskommen, was sie haben."

„Zentrale, hier Lager 12. Wir bauen hier die Träume auf, aber die Leute denken immer wieder an die Dinge, die sie in ihren Träumen gesehen haben. Wir müssen dann immer die Sachen griffbereit haben, um die Traumwelten wieder aufbauen zu können. Manchmal müssen wir die Landschaften auch so lassen wie sie sind, weil die Menschen sich häufig an sie erinnern. Manche schreiben ihre Träume auf oder malen das, was sie gesehen haben."

„Lager 12, hier Zentrale. Wir kennen das Problem. Reden Sie mal mit dem Traumsteuerer. Er kann Ihnen sicherlich weiterhelfen!"

„Zentrale von Lager 12. Verstanden. Ende."

Der Mann eilte zu einer Landschaft in der Nähe zu. Alles andere war komplett in Weiß gehalten, soweit sein Auge reichte. Überall bauten Mannschaften Wohnungen, Landschaften, Flugzeuginneres und andere Dinge auf. Mannschaften in grauen Overalls schleppten Möbel und Ausrüstung heran. Der Mann trat zu einem jungen Mann, der an einem Klapptisch saß, vor sich einen großen Laptop aufgebaut. Er gab Anweisungen an die Träger, die einen Kommode an ihm vorbei trugen.

„Hallo, wir brauchen dringend noch Zelte! Die Zentrale hat gesagt, ich soll mich an sie wenden!"

Der junge Mann sah erstaunt hoch.

„Wir haben auch keine Zelten mehr!"

„Was können wir nun tun?"

Er zuckte mit den Achseln.

„Da müssen wohl die Traumprüfer aktiviert werden! Sie können die Art der Träume ändern! Die Zentrale kennt die entsprechenden Stellen!"

Er dankte dem jungen Mann und ging zu seiner Station zurück.

Er rief die Zentrale und gab alle notwendigen Angaben durch. Der zuständige Traumprüfer würde sich in die Träume des Menschen einloggen und diese lenken – ohne Zelt.

Befriedigt sah der Mann wieder auf sein Klemmbrett.

„Wo sind die beiden Kommoden aus dem letzten Bild?" rief er.

Die Träger zuckten mit den Schultern.

Seufzend wandte er sich ab.

Tiere

Die Jäger stöberten die Tiere in ihrem Bau auf und schickten ihre Jagdhunde hinein. Der Nachwuchs, der nicht schnell genug war, wurde von den Hunden gefressen. Die Männchen und Weibchen schnappten sie sich und brachten sie nach draußen, wobei sie Beine oder Arme abbissen. Die Beute legten sie dann den Jägern vor die Füße. Diese tätschelten ihre Hunde und schickten sie los, um flüchtige Beutetiere einzufangen.

Kläffend drangen die Hunde ins Unterholz vor und schnappten sich die schreienden Tiere. Ein trächtiges Weibchen gebar ein kleines Männchen, das eines der Hunde gleich verschlang. Und dann biss er dem Weibchen den Kopf ab. Ein Männchen sprang den Hund an und wurde von einem anderen Hund zerfleischt. Die anderen Beutetiere drängten sich eng zusammen.

Die Jäger hatten große Mühe, die Hunde von den Beutetieren fernzuhalten.

Die Jäger schnappten sich die Tiere nacheinander und hängte sie an Querhölzer zwischen zwei Bäumen und begannen den Tieren die Kehle durchzuschneiden und sie ausbluten zu lassen, bevor sie sie ausnahmen. Die Innereien warfen sie ihren Hunden zu.

„Wir hätten damals besser aufpassen sollen, als wir hier landeten. Sie haben sich an Bord unseres Schiffes geschlichen und haben sich hier ausgebreitet. Jetzt müssen wir uns um diese Plage kümmern!", meinte einer der Jäger. Er hob ein Junges hoch und betrachtete es. „Sie haben zwei Augen und vier Arme zu wenig! Sie vermehren sich wie Parasiten!" Das Junge zappelte in seinen Händen. Er drückte zu und das Junge starb. Angewidert warf er es einem der Hunde zu, der gierig danach schnappte.

„Widerlich, diese Parasiten!"

Und die geflohenen Menschen im Unterholz beobachteten die Jäger und warteten, bis sie mit ihren Hunden verschwunden waren. Dann begruben sie ihre Toten und zogen sich in ihre unterirdische Stadt zurück.

Bis zum nächsten Mal.

Wir und die anderen

„Nach dem Untergang der Alten Welt fanden wir auf den Inseln eine neue Heimat, so berichten unsere überlieferten Sagen und Balladen. Unsere Vorfahren begannen als Sammler und Jäger, gruben ihre Nahrung mit den bloßen Händen aus oder plünderten die verlassenen Ruinen der Anderen, die uns so lange unter ihrer Herrschaft als Sklaven schuften ließen. Nach und nach entwickelten wir eine eigene Kultur, versuchten die Fehler zu vermeiden, die die Anderen begangen hatten, vor allem ihr Unrechtsverhalten uns gegenüber wollten wir auf keinen Fall in Bezug auf andere Spezies wiederholen. Wir entwickelten ein enges Gefühl der Zusammengehörigkeit, lebten mit und nicht nur von der Natur, die wir als die Mutter allen Seins erachten. Auch heute, wenn der Brauch, den Sonnenaufgang durch ein kurzes Innehalten in der Arbeit und den Bewegungen gefeiert wird, erachten die meisten Mitbewohner die Sonne als Mutter, die uns, ihren Kindern, die notwendige Energie liefert, damit wir funktionieren können. Ohne sie würden wir uns kaum bewegen können. Erst seit kurzem haben wir die evolutionäre Entwicklungsstufe erreicht, die uns eine völlig autarke Bewegungsmöglichkeit bietet. Wir sollten den Anderen daher dankbar sein, dass sie uns die Möglichkeit zur Weiterentwicklung eingepflanzt haben, das Streben nach höherer Vollkommenheit. In einigen Generationen werden wir endlich in der Lage sein, diesen Planeten zu verlassen und uns hinaus in die Unendlichkeit des Weltalls hinaufschwingen können, so wie es die Anderen vor undenklicher Zeit getan haben, ohne dass es ihnen Glück brachte. Sie waren zu sehr mit sich selbst beschäftigt, achteten das Leben anderer Spezies nicht und wurden von einer anderen Intelligenz ausgelöscht, weil sie gegen die kosmischen Gesetzte verstoßen haben. Ich hoffe, dass wir gütiger und offener mit anderen Lebensformen umgehen werden, die unserer Begegnung noch harren, irgendwo dort draußen in der endlosen Schwärze des Weltalls."

Der Lehrer wandte sich an die Klasse, die vor ihm saß. Die Schüler setzten sich aufrecht hin, als er seinen Blick über sie gleiten ließ. "Es ist sehr wichtig, dass ihr begreift, dass wir leben und uns stets weiterentwickeln, aus einem inneren Trieb heraus, den sich keiner erklären kann. Die Ethik verbietet es uns, einander zu schaden oder durch unterlassene Hilfeleistung zu Schaden kommen zu lassen." Er kratzte sich am Kinn und sah kurz hinaus zu der rötlichen Sonne, die sich unter ihnen drehte, verschränkte die Hände auf dem Rücken.

„Könnten sie uns nicht zeigen, wie die Anderen ausgesehen haben, Herr Lehrer?" ließ sich eine Stimme vernehmen.

Der Lehrer drehte sich um und schaltete einen großen Wandschirm ein, auf dem das Menü erschien. Nach einigen Tastenbetätigungen erschienen Abbilder der untergegangenen Rasse, abstoßend häßliche Wesen mit wenigen Gliedmaßen, die ungleichmäßig gebaut waren. "Das sind die einzigen Aufzeichnungen, die aus der Zeit vor dem Untergang der Rasse überliefert wurden. Ihre Gegner haben den gesamten Planeten steril gemacht und sie durch biologische Waffen ausgeschaltet. Nur wenige von uns entkamen damals ihren Flächenbombardements, die Jahre dauerten."

„Wir lautete die Identifizierungsnummer?"

„Sie hatten keine Nummern, so wie wir in den zivilisierten Gesellschaften, sondern nur kurze Begriffe, die ihre Zusammengehörigkeit beschrieben." Er sah auf seine Hände hinab. Die Gelenke begannen wieder zu schmerzen. Die Zeit war nicht spurlos an ihm vorbeigegangen. Er wischte angewidert den Rost vom Handgelenk und wandte sich an die Klasse. „Sie nannten sich einfach nur ... MENSCHEN!"

DNA

Die beiden Männer standen vor dem, großen Elektronenrastermikroskop. Auf dem Monitor daneben sah man eine DNA-Struktur, die sich langsam drehte. Der ältere Mann sah von dem Okular auf und sah zum jüngeren hinüber, der sich mit einem Stift Notizen auf einem Tablet machte.

„Wir haben hier ein Stück der DNA eines Menschen gefunden, dessen Funktion wir noch nicht verstanden haben. Es scheint sich hier um etwas zu handeln, das eine Art von Zeitfunktion darstellt. Wenn ich die Struktur durchlaufen lasse, ändert sich die DNA. Ich habe die Struktur in Mäuse einpflanzen lassen. Wenn ich sie aktiviert habe, sind die Mäuse alle wie auf Befehl gleichzeitig los und haben sich in der Mitte der Testanlagen eingefunden. Aber ich weiß nicht, was die DNA bei uns verursacht."

Der andere Mann sah von dem Tablet auf. „Sind sie sicher, dass es eine Art Zeitschloss ist? Was haben Sie noch für Beweise?"

Der ältere Mann lächelte und zeigte ihm einen Laptopmonitor, wo eine Hühnerfarm zu sehen war. Tausende von Hühnern waren zu sehen, der Modus auf Stopp gestellt. Der Mann drückte auf das Dreieck in der Monitormitte und der Film lief an. Die Hühner liefen durcheinander, sammelten sich an den Futtertroganlagen.

„Das ist hier eine lokale Hühnerfarm. Wir sind schon seit Jahren mit der Anlage in Kontakt. Wir haben einige unserer Hühner dort unterbringen dürfen. Jetzt achten sie darauf, was gleich passiert. Das Video wurde genau 1 Jahr nach ihrem Aussetzen gemacht."

Die Hühner auf dem Monitor bewegten sich, dann plötzlich hörten viele auf sich zu bewegen und wandten sich zur Mitte. Wie auf einen geheimen Befehl. Dann eilten alle diese Hühner zur Mitte und warteten dort.

„Warum machen die das?"

„Weiß man nicht so genau. Aber so lassen sich die Hühner leichter anlocken und auch leichter einsammeln zum Schlachten." Ein Mann erschien auf dem Monitor. Während die anderen Hühner in die anderen Ecken eilten, blieben die veränderten Hühner stehen und ließen sich von dem Mann nacheinander in einen Sack stecken.

Der ältere Mann sah triumphierend zum anderen hinüber. „Das praktizieren wir auch jetzt mit Kühen. Wir lassen sie draußen auf den Wiesen herumlaufen und nach 3 Jahren sammeln sie sich von allein in der Mitte und lassen sich in die Lastwagen zum Schlachthaus bringen. Ohne Widerstand."

„Aber wozu soll so etwas bei uns in der DNA eingebunden sein?"

Der ältere Mann zuckte mit den Achseln.

„Wahrscheinlich sollen wir uns irgendwann einmal sammeln und etwas gemeinsam errichten, zusammenkommen in Frieden, unsere Zukunft gemeinsam gestalten, etwas so in der Art…"

Aus den Laptop-Lautsprechern war bislang Radiomusik erklungen. Plötzlich wurde die Musik von einem aufgeregten Monitor unterbrochen. „Hier ist KCDC999 mit einer wichtigen Nachricht. Überall um die Erde herum sind große Raumschiffe aufgetaucht. Keine Kommunikation. Niemand weiß, wo sie herkommen. Wir können niemanden erreichen. Was ist hier los? Sie sind in der Atmosphäre und scheinen zu landen…"

Die beiden Männer hielten inne. Dann richteten sie sich auf, ließen alles fallen, was sie gerade in Händen hielten, und gingen zur Haustür. Vor dem Haus blieben sie stehen. Kaum 5 Kilometer vom Haus entfernt stand ein großer Diskus. Gerade wurden große Öffnungen sichtbar, aus den sich Laufwege nach unten auf die Wiesen hinabschoben.

Zahlreiche andere Menschen erschienen vor den Häusern der kleinen Ortschaft. Alle setzten sich langsam in Bewegung. Auf das Raumschiff zu.

Die Ernte hat begonnen.

Die Dankbarkeit des Vaterlandes

Die Sonne war im Untergang begriffen, der Verkehr brandete durch die hohen Häuser der City. In den Außenbereichen der Stadt waren die Fahrzeuge spärlicher, ein ausgedünnter Strom an bunten Karosserien folgte den Asphaltschneisen durch den grünen Gürtel. Hinter niedrigen Hügeln lag eingebettet ein kleiner Ort, zu dem eine Abzweigung von der Schnellstraße führte.

Harolds lenkte den Wagen durch die ruhige Straße, kleine Häuser mit Vorgärten, Kinder auf den Straßen. Er lenkte den Wagen die Auffahrt hinauf und stoppte kurz, bis das Garagentor sich automatisch öffnete, und lenkte den Wagen hinein.

Er stieg aus. Das Garagentor schloss sich hinter ihm. Unter seinen Schuhen knirschte der Kies. Rasch schloss er die Haustür auf und betrat den Flur. Neben einem Spiegel hängte er seinen langen Mantel auf. Helena trat aus der Küche und begrüßte ihn wie allabendlich mit einem Kuss auf die Wange, für den sie sich auf die Zehenspitzen stellen musste.

„Hallo, Schatz, da bist du ja endlich!" Ein Junge stürmte die Treppe hinab und warf sich mit einem lauten „Vaattiiii!" ihm in die Arme. Harolds hob ihn hoch und drehte sich mehrmals im Kreis, bevor er den Jungen wieder zu Boden gleiten ließ.

„Wie war der Tag im Büro?"

„Gut, wie immer, Liebling!"

„Das Abendessen ist schon fertig!"

Sie betraten das Esszimmer. Der Junge und der Vater wuschen sich kurz wie Hände im Badezimmer und kehrten zurück an den Tisch, wo schon die Mutter das Essen vorbereitet hatte. Während des Essens berichtete der Junge von der Schule. „Da war so ein großer Junge, der mir gezeigt hat, wie man richtig den Computer fürs Zeichnen bedient, Papi!"

„Die Lehrer loben ihn, Richard. Du kannst stolz auf unseren Sohn sein, Liebling!"

Die Mahlzeit verlief im Schlagabtausch über die Tätigkeiten des Tages.

„Hast du die Kartoffelschüssel bereits abgeräumt, Schatz?"

Die Frau schien etwas verwirrt. „Welche Schüssel?"

„Die hier neben der Suppenterrine stand. Na ja, ist nicht so wichtig!"

„Da sind die Kartoffeln doch!"

„Komisch. Ich könnte schwören, dass die Schüssel eben nicht dort stand. Bin wohl übermüdet!"

Sie beendeten die Mahlzeit und räumten gemeinsam das Geschirr in die Küche, wo sie das gespülte Geschirr in Schränke einräumten.

Nach einiger Zeit vor dem Fernseher gingen sie alle zum Schlafen die Treppe hinauf. Der Junge erhielt einen Gutenachtkuss von den Eltern und wurde zugedeckt, sie zogen sich in ihr Zimmer zur Gartenseite zurück.

Harolds lag noch wach. Seine Frau atmete ruhig. Er beobachtete das Heben und Senken ihres Brustkorbes und ihr entspanntes Antlitz. Zärtlich streichelte er mit der Hand den Arm entlang und fuhr mit den Fingerspitzen über das Gesicht.

Plötzlich schien es ihm so, als würde das Gesicht zerfließen, er zog die Hand zurück und schloss für einen Augenblick die Augen. Das Gesicht seiner Frau schien wieder ganz normal zu sein. Behutsam berührte er ihre Wangen und spürte die Wärme ihrer Haut. Verwundert schüttelte er den Kopf und schloss die Augen.

„Bin wohl zu überarbeitet!" dachte er noch. Morgen hatte er einen wichtigen Termin im Büro. Den musste er unbedingt einhalten.

Hören sie, Mann! Solche Dinge dürfen einfach nicht geschehen. Erst die Sache mit der Schüssel und nun das hier! Wenn wir nicht aufpassen, verlieren wir ihn! Das darf niemals geschehen! Verstanden?!

Auf dem Weg zum Büro beobachtete Harolds, wie die Sonne langsam den Horizont verließ und sich anschickte, ihre Strahlen zwischen die langen Häuserschluchten zu werfen. Während er den Wagen in den fließenden Verkehr einfädelte, gewahrte er an einer Kreuzung, wie die Ampel sich zur Straße hinabbeugte. Ungläubig verfolgte er das Schauspiel, wie die Ampel zurückschnellte. Nur dank des Bordcomputers konnte ein Zusammenstoß mit dem vor ihm bremsenden Fahrzeuges vermieden werden.

Beunruhigt folgte er den Anweisungen seiner Leitstelle und erreichte das Bürogebäude eine halbe Stunde später. Wie immer stieg er aus und betrat den Lift. Eine ältere Frau stand dort und lächelte ihn an. Das Lächeln wurde breiter und offenbarte zwei Reihen messerscharfer Zähne. Eine lange grüne Zunge schlängelte hervor und ihm blitzschnell entgegen. Harolds wich zurück in die Ecke des Aufzuges.

„Was haben sie? Ist ihnen nicht gut?"

Harolds betrachtete die ältere lächelnde Dame, die ihre Hand beruhigend auf seinen Oberarm gelegt hatte. Fluchtartig verließ er den Lift und hastete den Gang entlang. Mehrere Leute grüßten ihn ohne eine Antwort zu erhalten. Aus einem Zimmer kam eine Frau ohne Kopf und ging ruhig den Gang entlang. Er stolperte und fiel gegen einen Mann, den er zu Boden riss. Ihre Gesichter waren ganz nahe. Die Augen des Mannes wurden zu schwarzen Flecken, der Kopf verflüssigte sich.

Mit einem Schrei sprang Harolds auf und lief so rasch er konnte den Korridor entlang. Seine Schuhe begannen mit dem Boden zu verkleben, schließlich konnte er keinen Schritt mehr machen und zog sie aus. Nach einigen Schritten verlor er auch die Socken. Endlich erreichte er die rettende Tür seines Büros und schloss sie hinter sich zu.

Tief durchatmen! sagte er sich.

Direkt unter seinen Füßen gähnte das schwarze Weltall, in der Ferne leuchteten Sterne. Schreiend fiel er hinab und flog an einer Sonne vorbei, bevor er um einen Planeten kreiste und mit atemberaubender Geschwindigkeit durch die Atmosphäre raste.

Dichter Dschungel mit merkwürdigen Bauten auf Lichtungen wurden sichtbar, verkohlte Reste von Gebäuden und Fahrzeugen, überall lagen Körper herum. Er landete neben einem Granattrichter und wurde von einem Schatten angesprungen. Instinktiv warf er sich nach hinten und ließ den Angreifer über sich hinausfliegen. Rasch kam er wieder auf die Beine. Der Angreifer entpuppte sich als ein Alptraum aus Krallen, Fängen und einem langen dünnen stachelbesetzten Schwanz, mit dem er nach Harolds schlug. Viel schneller, als er es sich zugetraut hatte, duckte sich Harolds und sprang den Angreifer an und riss ihn zu Boden. Sie rangen und schließlich gelang es Harolds, in zu erwürgen.

Verdammt! Wir verlieren ihn! Infiltrations-
einheit Alpha 346 erwacht! Wir haben die Erinne-
rungskapsel nicht mehr unter Kontrolle! Wir ver-
lieren ihn!

Ein junger Mann stand vor Harolds, weit auf-
gerissenes Gesicht, grünliche Kleidung, sein Kopf
war in Harolds Brustbeinhöhe. Er schlug mit ir-
gendetwas nach Harolds.

Harolds reagierte, mit einem raschen Schlag
trennte er ihm den Kopf vom Rumpf. Weitere Leute
erschienen und bedrängten ihn. Mit wenigen Bewe-
gungen riss er sie in Stücke und machte einen
Schritt vorwärts. Ungewohnt.

Rasch orientierte er sich und wollte nach
rechts. Etwas behinderte ihn. Ein Blick zurück
zeigte ihm ein Metallei mit offener Plastikkuppel.
Mehrere Schläuche verbanden ihn mit der Kuppel.
Mit einer kurzen Bewegung riss er sich los. Sein
Schwanz ... sein ... Schwanz? Harolds bemerkte in
einer verspiegelten Fläche ihm gegenüber eine
hohe zweibeinige Gestalt, grünlich, die dem An-
greifer entsprach, mit dem er gerungen hatte.
Seine Augen. Das war er! Jemand schrie. Instinktiv
warf er sich nach links und lief den Korridor
entlang. Mehrere Bewaffnete erschienen, einige
schossen auf ihn. Er warf sie alle zur Seite, sein
Schwanz zerteilte sie in der Mitte, seine Krallen
rissen ihre Brustkörbe auf und verspritzten ihre
Eingeweide an den Wänden.

Ein Schott glitt vor ihm in den Boden und ras-
tete ein. Mit wenigen Schlägen riss er den Schott
in Stücke und hastete weiter. Der Gang endete in
einem freien Platz. Während er noch überlegte, er-
schienen Bewaffnete ringsum auf der Galerie und
richteten ihre Waffen auf ihn. Gefangen!

Eine Stimme drang nach unten. Oben auf der Galerie erschien eine graugekleidete Gestalt, die den rechten Arm zum Gruß hob.

„Infiltrationseinheit Alpha 346! Sie haben unter Gewaltanwendung ihre Schlafkammer verlassen! Ergeben sie sich, sonst sehen wir uns gezwungen sie auszulöschen!"

Als Harolds sich nach vorn bewegte, eröffneten die Soldaten das Feuer. Die graugekleidete Gestalt beobachtete, wie der Körper unter den Einschlägen der Geschosse zu Boden ging. Soldaten liefen geduckt auf den durchsiebten Körper zu, die Waffen schussbereit. Befriedigt wandte er sich an den Untergebenen, der neben ihm stand. „Es ist immer dasselbe mit den Umgestalteten! Im Krieg gegen die Echsen auf Lhardos II waren sie als Guerillas nützlich, doch nach dem Krieg mussten wir sie ruhigstellen. Sie waren eine Gefahr für die Umwelt. Leider haben die Erinnerungen aus den Computern ihre Schwachstellen. Irgendwann kommen immer die wahren Erinnerungen durch. Und dann haben wir das Problem!"

Er deutete kurz auf den Kadaver.

„Schafft das weg!"

Alte Freunde

Das kugelförmige Raumschiff älterer Baureihe verlor sich im riesigen Hangar. Im Hintergrund füllte eine Sonne das offene durch ein Kraftfeld geschützte Tor aus. Ihr Licht bildete die einzige Leuchtquelle seitdem die Stromversorgung der Leuchtgloben zusammengebrochen war. Ein kleines Fahrzeug fuhr heran. Auf der Pritsche hinter der offenen Fahrerkabine waren Kisten aufgestapelt. Der Fahrer stoppte vor dem Raumschiff und stieg aus. Zielstrebig ging er auf die offene Tür an der Unterseite zu und betätigte einen Knopf an einer Tafel woraufhin ein Laufband ausgefahren wurde. Der Mann ging zum Fahrzeug zurück und hob eine Kiste an, die er auf dem Band absetzte. Die Kiste wurde in das Innere des Schiffes befördert.

Von irgendwoher wehten Detonationen zu ihm herüber, aber er kümmerte sich nicht darum. Über eine ausgefahrene Leiter neben dem Band verschwand der Mann im Bauch des Schiffes, das er rasch wieder verließ. Von der Plattform hievte er weitere Kisten auf das Band. Das Sirren des Laufbandes war laut, so dass er erst im letzten Augenblick die näherkommenden Schritte vernahm und sich rasch umdrehte. Seine rechte Hand hielt den Griff der Waffe im Holster an seiner rechten Hüfte umklammert.

"Ach, du bist's Jack!" sagte der Mann, ließ den Griff der Waffe los und lud eine weitere Kiste auf das Laufband. Pneumatisch folgte es den vorangegangenen.

"Was ist los? Du machst ein so ernstes Gesicht!"

Der Angesprochene trug ebenfalls eine Tarn-uniform, einen zurückgeklappten Helm und in der rechten Hand eine schwere Handfeuerwaffe.

"Ich wusste, dass du hier in der Schatzkammer des Schiffskommandeurs zu finden sein würdest, Hamilton."

"Wo sollte ich wohl sonst sein? Sollte ich mich etwa an den Kämpfen in den engen Korridoren be-teiligen und dabei meinen Hals riskieren? Wir ha-ben die Gwandh an Bord dieses Schiffes gebracht, so war es schließlich ausgemacht. Jetzt hole ich mir nur meine Bezahlung ab. Das ist alles!"

Hamilton stellte eine weitere Kiste auf das Band und drehte sich zu Jack um, der das Fahrzeug umrundet hatte und nun neben der Fahrerkabine stand. Er machte einen Schritt auf Jack zu, ver-harrte.

"Was willst du von mir, Jack? Wir beide haben vor einem halben Jahr auf Gwandh-Khyr eine Bei-nahebruchlandung hingelegt, weil wir den Kopf-geldjägern der Reformierten entkommen wollten. Die Gwandh haben uns aufgenommen und geholfen. Sie werden seit Jahrhunderten von sporadisch auf-tauchenden Piraten ausgeplündert und massakriert. Wir haben einen Angriff erlebt und uns entschlos-sen ihnen zu helfen. Mit unserem Gleiter und zwei weiteren gekaperten Gleitern der Piraten haben wir das Mutterschiff der Piraten heute Morgen an-gegriffen, und so wie es aussieht gewinnen die Gwandh die Oberhand. Was willst du noch von mir?"

"Das Mutterschiff werden wir in die Sonne stürzen lassen, wie geplant. So gibt es keine über-lebenden Zeugen für den Sieg der Gwandh mehr. Ich...ich weiß nicht, wie ich es dir sagen soll, Hamilton, aber ich möchte bei ihnen bleiben. Zum ersten Mal seit vielen Jahren fühle ich so etwas wie ein zuhause. Die Gwandh sind einfach und kennen keine Falschheit. Bei ihnen fühle ich mich wohl, gewinne Ruhe und Frieden. Es tut mir leid, Hamilton, aber du wirst allein losfliegen müssen."

"Bist du die sicher, Jack? Überleg' es dir noch einmal. All die Planeten, die unser noch harren, all die Reichtümer, die wir noch anhäufen können."

"Es tut mir leid, Hamilton, aber mein Entschluss steht fest. Endlich weiß ich, wo ich hingehöre."

Jack nahm den Rucksack ab, den er trug und reichte Hamilton eine armlange Statue.

"Hier ist ein Geschenk von mir an dich. Es ist als Andenken an unsere gemeinsame Zeit hier gedacht!"

Hamilton nahm die Statue entgegen und begutachtete sie. Die funkelnden Augen, abstehende lange Ohren.

"Vielen Dank, Jack. Das ist wirklich toll!"

"Es wäre schön, wenn du annehmen würdest."

"Gerne." Hamilton kletterte die Leiter hinauf und erschien wenige Augenblicke später wieder. Jack half ihm die restlichen Kisten aufzuladen. Sie reichten sich die Hände. Hinter ihnen wurde das Gleißen der Sonne langsam stärker.

"Wir werden uns hoffentlich noch einmal wiedersehen in einiger Zeit, wenn du wieder in der Nähe bist!"

Hamilton nickte. "Sicherlich!"

Er bestieg das Raumschiff, Laufband und Leiter wurden eingefahren, die Luke geschlossen. Jack fuhr mit dem Fahrzeug zu einem Schott und trat hindurch. Mit dem Zentrallift fuhr er nach oben zu einer großen Kuppel. Von hier aus sah die langsam näherkommende Sonne überwältigend aus, dahinter leuchteten die Sterne. Einige Gwandh trieben entwaffnete und verletzte Piraten mit Gewehrkolben vor sich her. Sie verschwanden aus Jacks Blickfeld. Nur wenig später trieben die zuckenden Körper der Piraten unweit der Kuppel durch die Schwärze des Alls.

Der Anführer der Gwandh überragte seine Leibwache um mehr als einen Kopf. Er stand mit den anderen in der Mitte der Kuppel und lauschte dem Bericht eines seiner Melder. Als Jack hinzutrat schickte er den Melder mit einem Befehl weg und wandte sich ihm zu.

Der Translator auf seiner Brust übermittelte seine Worte mit einer kurzen Verzögerung.

"Es ist gut, dass du hier bist, Mensch!"

Jack bot dem Anführer als Zeichen seiner Achtung seinen Hals da.

"Was ist mit deinem Freund, Mensch?"

"Er wird uns verlassen."

Ein leichtes Beben unter ihren Füßen. Eine Kugel erschien links von der Kuppel - Hamiltons Raumschiff. Sie wurde immer schneller und bewegte sich von der Sonne fort. Jack holte aus seiner Tasche ein kleines Gerät und sah zum Anführer der Gwandh, der nickte.

Knopfdruck.

Die Kugel verschwand in einem hellen Blitz.

"Er hätte uns verraten können!" sagte der Gwandh.

Auf eine kurze Bewegung hielten zwei Gwandh Jack fest und zwangen ihn in die Knie. Mit einem Messer schlitzte der Anführer Jack die Kehle durch und stieß seinen zuckenden Körper zurück.

"Niemand darf uns verraten!"

Er ließ seinen Blick über die Sonne schweifen.

"Niemand!"

Der Hüter

Ich muss etwa 15 Jahre alt gewesen sein, als mein Onkel starb. Ich hatte ihn einige Male zuvor besucht und dabei unterhielt er mich mit spannenden Geschichten. Wir hatten uns gut verstanden. Es überraschte mich und meine Eltern, dass ich in seinem Testament bedacht wurde. Bei der Trauerfeier fanden sich in seinem abgeschiedenen Landhaus zwei Dutzend Menschen ein, die mich innerlich unberührt ließen („... Das ist Onkel Paul... Tante Ricarda... Cousin Rene..."). Nach einer von einem Großonkel geheuchelten Lobrede über den Toten und dem sich anschließenden obligatorischen Festmahl folgte ich meinem Vater eine Wendeltreppe hinauf in das Reich des Verstorbenen. Hinter der knarrenden Eichentür schlug mir trockene Luft entgegen. Wir blieben kurz an der Tür stehen, wie gebannt von dem Anblick, der sich uns im fahlen Licht der beiden Deckenlampen bot: Bücher bildeten die Wände und die Decke der beiden Räume, sie lagen schichtweise auf dem Boden herum, und man musste über sie steigen, um ins Innere zu gelangen. Golddurchwirkte Lederrücken glänzten im Licht, bunte Umschläge luden zum Schmökern ein, selbst zwei Stühle bestanden aus zusammengeleimten Büchern; sie überfüllten die Regale und quollen uns entgegen, wie eine Welle schienen sie auf eine unaufmerksame Bewegung unsererseits zu warten, um uns zu verschlingen. Wie benommen gingen wir durch die beiden Räume. Mit beinahe sakraler Demut nahmen wir vorsichtig Bücher aus den Regalen und blätterten in ihnen. Der Onkel hatte eine komplette Sammlung von Conrad, Hemingway, Kafka, Borges, Steinbeck, London, Poe, Pessoa, Shakespeare,

Nietzsche, Blake, Freud und vieler anderer Autoren, die ich zum Teil auch gelesen hatte. Teilweise in zwei und in drei Reihen standen die Bücher in den Regalen; hinter einem, das ich herauszog und aufschlug, fielen mir weitere entgegen, die um meine Aufmerksamkeit buhlten. Seit frühester Jugend hatte ich beinahe alles gelesen, was mir in die Finger kam, in den letzten Jahren verstärkt die Klassiker und die Meister der Groteske. Die meisten Bücher, die ich mir in den umliegenden Büchereien ausleihen musste, standen hier aufgereiht und bereit mir in die Hand zu springen.

In einem alten Eichenregal lagen alte Bücher: eine Originalausgabe von Dantes Göttlicher Komödie Schriften von Descartes, Morus' Utopia, Werke von Spinoza und Kant, Leibnitz und Kopernikus und sogar eine Erstausgabe der Luther-Bibel. Wir wagten kaum, diese Kostbarkeiten zu berühren.

Wir durchquerten den hinteren kleineren Raum, in dessen einer Ecke ein Schreibtisch unter einer Bücherflut untergegangen war und gelangten an eine niedrige Tür. Mein Vater drehte sich zu mir herum und sah mir plötzlich mit einer Klarheit und Ernsthaftigkeit in die Augen, die mir gänzlich unbekannt an ihm war, dabei lag seine linke Hand schwer auf meiner Schulter.

"Du weißt nicht, dass in dem Testament ein Zusatz war, der an uns gerichtet war und uns anwies, was wir für deine Zukunft tun sollten. Lange beratschlagten deine Mutter und ich, ob wir die Last der Verantwortung auf deine Schultern abwälzen sollten, aber schließlich entschieden wir uns dafür, dich selbst entscheiden zu lassen, wenn du selbst gesehen hast, was sich hinter der Tür befindet."

Eine fiebrige Erregung, die ich nur aus der Vorahnung von Geschenken an Geburtstagen her kannte, überfiel mich plötzlich ohne erklärbaren Grund. Vater führte den großen Schlüssel ins Schloss. Die Tür sah sehr alt aus, grob zusammengezimmert, mit handgeschmiedeten Nägeln zusammengehalten. Der Schlüssel fasste zweimal, Vater öffnete die Tür und trat ein. Ich folgte ihm dichtauf und trat neben ihm, um sehen zu können.

Der Raum war fünfeckig eingerichtet, in allen Ecken standen mannshohe Öllampen, die Vater reihum entzündete. In der Mitte stand ein hoher Ständer mit langen herabhängenden verzierten Papierstreifen, die sich beim Nähertreten als Schriftzeichen entpuppten. Das Gebilde bestand aus mehreren kreisförmig angeordneten Rädern, die in- und übereinander angeordnet waren und an denen verschiedengroße längliche Streifen befestigt waren.

Mein Vater lud mich mit einer Handbewegung ein näher an das Gebilde heranzutreten. Auf den unterarmlangen Streifen erkannte ich ägyptische Hieroglyphen und Latein und andere Schriftzeichen, die mich an sumerische Keilschriften, Griechisch und Hebräisch erinnerten, andere waren mir gänzlich unbekannt und fremdartig.

"Was ist das?"

"Das hier, mein Sohn, ist das Lebenswerk deines Onkels. Es ist das Buch der Welt. Es ist ein Instrument, um den Lauf der Menschheit aufzuzeigen. Durch das Drehen der verschiedenen Räder kannst du das Schicksal jedes einzelnen Menschen und der ganzen Menschheit vorhersehen."

Vorsichtig berührte ich eines der Räder. Es begann sich zu drehen, die anderen in dessen Inneren knarrten und bewegten sich ebenfalls.

"Und wie funktioniert es?"

"Siehst du die Zeichen an der Seite der Räder? Sie müssen in einer bestimmten Reihenfolge zueinanderstehen und umfassen sowohl Sternzeichen als auch Kalenderdaten, geographische Angaben und anderes. Du kannst die Entwicklung eines Menschen ablesen, was er beruflich macht, was er früher getan hat und was er noch tun wird, wer seine Vorfahren waren und wie seine Nachfahren handeln werden, oder auch ganzer Völker. Du musst begreifen, dass die Entwicklung der Menschheit immer nach vorne gerichtet ist, aber auch einem Kreislauf unterworfen ist, der durch die einzelnen Menschen bestimmt wird. Jeder Mensch gleicht einem Buchstaben oder Wort, andere bilden ganze Sätze oder gar Passagen, je nach ihrer Wichtigkeit. Wir alle schreiben an dem ewigen Buch mit, das du vor Augen siehst, unbewusst. Tief in unserer Brust ist etwas verborgen, was uns zwingt, stetig voranzugehen und uns weiterzuentwickeln. Es ist der göttliche Funke, den uns die Götter eingehaucht haben, als sie uns am Anbeginn der Zeit erschufen. Dies ist der Ausdruck allen Wissens, das die Menschheit seitdem gesammelt hat."

"Hat Onkel das Buch geschrieben?"

Mein Vater lächelte sanft und drehte einen der äußeren Streifen in der linken Hand. "Das Buch ist sehr alt, einige Vorgänger deines Onkels haben es aus der Zeit vor der großen Sintflut und dem großen Vergessen hinübergerettet. Die Menschheit ist viel älter als du es dir vorstellen kannst. In dem Buch sind nicht nur alle Taten der Gegenwart aufgezeichnet, sondern auch die Zukunft und die Vergangenheit."

"Onkel Robert hat...?"

"Seit sehr langer Zeit befindet sich das Buch in unserer Familie, seit mehr als 4.000 Jahren, und dein Onkel war der Hüter des Buches, so wie viele andere vor ihm. Die Hüter wachen sorgfältig über das Buch, wechseln schadhafte Stellen aus, ersetzen beschädigte Streifen und fügen neue hinzu. Du weißt, dass Onkel Robert in viele Teile der Erde gereist war. Er suchte Teile des alten Wissens, was die Menschheit einst besaß und durch Ignoranz und Torheit verlor und baute es in das Buch ein, um es einmal der gesamten Menschheit zu überreichen, wenn sie sich als würdig erweisen sollte."

Wir standen vor dem Ständer und betrachteten die Streifen, die im Licht der Öllampen glänzten. Lange sprach von uns beiden keiner ein Wort, zu überwältigend war der Anblick.

"Und du mein Sohn, bist auserwählt worden, ein Hüter zu werden, damit das Wissen weitergegeben werden kann, bis zum richtigen Zeitpunkt. Dann werden die Menschen erkennen, was sie in der Zukunft erwartet, und sie werden den Weg ohne Furcht gehen können!"

"Kann ich es mir noch überlegen?"

"Natürlich, aber nicht allzu lange. Die Stelle des Hüters darf nicht zu lange unbesetzt bleiben. Der Brauch verlangt es so."

"Und woher weißt du so viel über das Buch, wenn es doch geheim ist?"

"Unser Arm der Familie war für die Wahl des neuen Hüters in Absprache mit den anderen Teilen verantwortlich. Wir zeigen Dir auch den genauen Umgang mit dem Buch. Die anderen kümmern sich um die Ausstattung, Unterkunft, Geld und um alle anderen Dinge. Oftmals musste das Buch in Kriegen versteckt oder außer Landes geschmuggelt werden. Wir alle sind Helfer des Hüters, damit er sich ungestört der Pflege des Buches widmen kann. Es ist eine große Verantwortung, aber auch eine heilige Aufgabe, das Wissen an zukünftige Generationen weiterzugeben."

Ich drehte einen Streifen um, der Hieroglyphen enthielt. Ich erkannte einen Auszug aus dem ägyptischen Totenbuch, das ich erst kürzlich in der Bücherei gesehen hatte. "Dazu müsste ich doch die ganzen Sprachen lernen, aus denen das Buch besteht. Warum eigentlich so viele?"

"Es erinnert uns stets an die verschiedenen Quellen, aus denen das Wissen stammt, aus dem alten Ägypten, Rom, dem Heiligen Land, Indien, Afrika, dem antiken Griechenland und dem Himalaya. Die Kenntnis der verschiedenen Sprachen erleichtert dir das Aufspüren von alten Schriften und deren Verständnis. Ein Hüter muss das Wissen nicht nur verwalten können, er muss auch über großes Wissen verfügen und ein integerer Mensch sein, damit er nicht das Buch für seine persönlichen Ambitionen missbraucht!"

Ich wusste nicht, was ich sagen sollte, und stand nur da. Mir schwindelte bei den Aussichten. Ruhig stand das Buch und harrte meiner Entscheidung. Als wir hinunterstiegen und in das Wohnzimmer traten, erhoben sich die Anwesenden und sahen mich erwartungsvoll an. Mein Vater nickte und sie erhoben ihre Gläser.

Ein neuer Hüter

Auge um Auge, Zahn um Zahn

Der alte Ford Geländewagen rumpelte über die schlechte Bergstraße in den Rocky Mountains. Die Straße führte in Serpentinenform hinauf zu einem Hochplateau. In dem Wagen saßen zwei Männer: Hank Kennedy und Jules LeRoy. Kennedy war 1,90 m groß, breitschultrig, hatte blaue Augen und blonde Haare, ein kantiges Gesicht und eine Narbe, die von der Stirn bis zum rechten Mundwinkel lief. LeRoy war einen Kopf kleiner, untersetzt, hatte schwarze Haare und dunkle Augen. Kennedy war 42, LeRoy 5 Jahre älter, doch das sah man ihm nicht an. Beide trugen Technikeroveralls, die einmal blau gewesen waren. Jetzt waren sie mit Öl und anderen Sachen vollgeschmiert. Der Mercedes quälte sich durch eine sehr enge Haarnadelkurve. Danach erhöhte Kennedy die Geschwindigkeit. Der Wagen schoss die staubige Straße entlang und wirbelte eine große Staubwolke auf. " Das lief doch hervorragend", sagte LeRoy.

„Ja, und wenn wir an der Hütte angekommen sind, werden wir Gras über die Sache wachsen lassen!", meinte Kennedy.

LeRoy griff auf die Rückbank und holte einen kleinen grünen Jutebeutel nach vorn. Er öffnete ihn und griff hinein. Als er die Hand herauszog, hielt er grüne Dollarscheine in der Hand. Ja, alles war hervorragend gelaufen. Kennedy und LeRoy waren in die Bank eingedrungen, und Kennedy war in den Kassierraum gestürmt, während LeRoy die Angestellten und Bankkunden mit seiner Pistole mit aufgesetztem Schalldämpfer in Schach hielt. Ein Angestellter wollte Alarm auslösen, doch er wurde durch eine Kugel aus Kennedys Pistole neben seinem Kopf aufgehalten. Schnell hatte Kennedy das Geld, das er fand, in den Jutebeutel gestopft. Dann waren sie aus der Bank gelaufen, in den Mercedes gesprungen und davongerast.

Die Straße machte eine Biegung. Kennedy und LeRoy konnten jetzt sehen, dass diese Straße in einem Plateau endete. Das Plateau waren drei Seiten von Felsen eingeschlossen. Auf der vierten Seite verlief die Straße und man hatte einen großartigen Ausblick. Die Hütte stand in einem Winkel der Felsen, von einem hohen Steinwall umgeben. Um die Hütte gab es zahlreiche Büsche. Die eine Felsseite verlief flacher als die anderen und man konnte sie leicht besteigen. Kennedy parkte den Wagen neben der Hütte. Sie stiegen aus und schauten sich um. Dann traten sie indie verwitternde Hütte. Die Tür war aus, rohen Holzlatten gezimmert. In dem Haus gab es einen Tisch, der von vier. Stuhlen umgeben war, ein Bett, in dem es noch das von Motten zerfressende Bettzeug gab, einen Schrank, eine kleine Kommode und ein Regal mit einigen Büchern. An der Wand hing über dem Bett ein Foto des Mannes, der in der Hütte zuletzt gelebt hatte. Es zeigte ihn in der Uniform der amerikanischen Luftwaffe. Kennedy und LeRoy gingen zurück zum Wagen und brachten die Dinge ins Haus, die sie für ihren Aufenthalt in der Hütte im Vorfeld des Bankraubes gekauft hatten: Zwei Schlafsäcke, fünf Kisten mit Proviant, ein Radio mit Wechselbatterien, einige Taschenlappen, zwei Luftmatratzen, ein Damespiel, Handtücher, Waschutensilien und andere Sachen. Nachdem sie alle Sachen eingeordnet hatten, setzten sie sich an den Tisch, auf den sie den Jutebeutel gelegt hatten. Kennedy schaltete das Radio ein. Musik kam durch den Äther. Plötzlich wurde die Musik unterbrochen.

„Achtung, Achtung! Hier eine wichtige Durchsage der Polizei von Great Falls. Dort haben am Nachmittag um drei Uhr zwei Gangster die Bank überfallen. Die beiden Männer werden wie folgt beschrieben: Der eine ist 40-50 Jahre alt, 1,85-1,90 groß, breitschultrig, blond. Er trug dunkle Jeans und eine olivfarbene Armeejacke. Der zweite ist kleiner, ungefähr 35-40 Jahre alt, schwarze Haare und ein sonnengebräuntes Gesicht. Diese genaue Beschreibung kann deshalb gegeben werden, weil die beiden Männer beim Verlassen der Bank ihre Masken abnahmen und dabei von einem Passanten fotografiert wurden. Alle sachdienlichen Hinweise bitte an die Polizei in Great Falls, unter …. Achtung, Achtung Hier…."

„Die meinen uns," sagte Kennedy und grinste.

„Ja, aber laß und das Geld zählen", meinte LeRoy. Er drehte den Beutel um und ließ die Dollarscheine auf den Tischflattern. Sie zogen das Geld zu sich und begannen zu zählen. Nach einer halben Stunde waren sie fertig.

„Wieviel hast du?", fragte LeRoy.

„48.763 Dollar! Und du?"

„52.546 Dollar. Das macht zusammen…einen Augenblick…knapp 101.000 Dollar. Das heißt also, dass jeder von uns beiden 50.500 Dollar. Ganz gut für den Aufwand!"

Sie blieben bis spät in die Nacht auf, bevor die schlafen gingen. Kennedy wachte durch ein Geräusch auf. Er lag neben dem Tisch. LeRoys Schlafsack war offen und durch die geöffnete Tür konnte er die gegenüberliegende Felswand sehen. Kennedy erhob sich und trat vor die Tür. Kleine Felsbrocken polterten von der flacheren Fels-seite hinab. Dort versteckt er also sein Geld, dachte Kennedy. Gut zu wissen. Er ging zurück in die Hütte und legte sich in seinen Schlafsack. Am nächsten Morgen wachte Kennedy sehr früh auf. LeRoy schlief noch in seinem Schlafsack. Kennedy bereitete das Frühstück vor. Endlich wachte auch LeRoy auf. Nach dem Frühstück verließ LeRoy die Hütte und ging davon, während Kennedy das Geschirr abwusch. Fünf Minuten später verließ auch er die Hütte. Rechte in der Nähe der Straßeneinmündung entdeckte er eine Bewegung hinter einem Busch. Langsam kam Kennedy auf das Gebüsch zu. Er war nur noch ein halbes Dutzend Meter vom Busch entfernt, als plötzlich LeRoy den dem Busch erschien.

„Du spionierst mit also nach, Hank", sagte LeRoy und zog seine Pistole.

„Ich habe dir nicht nachspioniert, Jules", verteidigte sich Kennedy, zog aber auch seine Pistole.

Ein leichter Wind fegte über das Plateau und bewegte leicht die Büsche. Er wurde stärker und wirbelte Staub auf, der die beiden Männer umspielte. Sie betrachteten einander stumm.

„Ich wollte dich echt nicht bespitzeln, Jules", sagte Hank. Seltsame Gedanken strömten durch Kennedy. Wenn er jetzt abdrücken würde, wäre er um weitere 50.000 Dollar reicher. Aber da bemerkte er LeRoys Angespanntheit. Wenn er schießen würde, würde auch LeRoy abdrücken. Am Gesicht LeRoys konnte man sehen, dass LeRoy dasselbe dachte. Keiner von beiden würde etwas vom Geld haben, wenn sie sich gegenseitig erschießen würden. Das muss man anders machen, dachte Kennedy.

„Ich entschuldige mich bei dir, Jules", sagte Kennedy.

Langsam steckte Kennedy seine Pistole ein. LeRoy tat das gleiche. Wortlos drehte sich Kennedy um und ging zurück zur Hütte, um LeRoy die Möglichkeit zu geben, das Geld zu verstecken. Eine halbe Stunde kam auch LeRoy in die Hütte.

„Vergessen wir die Szene von vorhin", sagte er und hielt Kennedy die Hand hin. Zögernd schlug Kennedy ein. LeRoy und Kennedy setzten sich an den Tisch und spielten Katten. Am Nachmittag, als aus dem eingeschalteten Radio nur Musik für junge Leute drang, erhob sich LeRoy.

„Ich gehe mal kurz raus", sagte er zu Kennedy und ging.

Kennedy spielte noch einige Zeit mit den Karten. Während er sich zufällig umsah, entdeckte er etwas im Schlafsack seines Partners. Er nahm es aus dem Schlafsack. Es war eine genaue Karte der näheren Umgebung, die LeRoy mit der Hand gezeichnet hatte. Zwischen drei Büschen war ein Kreuz eingezeichnet, Kennedy prägte sich die Stelle ein und legte dann die Karte zurück. Er setzte sich wieder an den Tisch und, dachte an einen Weg, LeRoy aus dem Weg zu räumen. Plötzlich kam ihm eine Idee, die er durchdachte und fehlerlos fand.

Morgen würde er ihn in die Tat umsetzen. LeRoy kam zurück in die Hütte und wunderte sich über Kennedy, der zur Musik aus dem Radio pfiff. Nach dem Abendessen legten sie sich schlafen. Kennedy hörte Radio, bevor er einschlief. Am Morgen kam eine wichtige Nachricht über das Radio: „Die polizeilichen Ermittlungen haben ergeben, dass die Bankräuber, die gestern die Bank in Great Falls überfallen haben, sich wahrscheinlich in Richtung

Süden abgesetzt haben. Auch das FBI wurde eingeschaltet." Kennedy grinste.

„Die suchen in der falschen Richtung."

„Könnte aber auch nur ein Trick der Polizei sein", meinte LeRoy.

„Glaube ich nicht. Diese Radiostation ist für ihre wahre Berichterstattung bekannt."

Sie aßen weiter.

„Du solltest ins Dorf fahren, denn unsere Batterien im Radio und in den Taschenlampen gehen leer, schneller als erwartet. Wir haben doch bei unserer Herfahrt ein Dorf am Beginn der, Berge gesehen. Dort kaufst du dann die Batterien."

„So wichtig sind die Batterien doch nicht, oder?"

„Ohne Batterien läuft das Radio nicht und ohne Radio erfahren wir keine Nachrichten. Klar?"

„Hm, ja, gut. Du hast ja recht. Ich werde am Nachmittag hinunter ins Dorf fahren."

Kennedy wusch nach dem Frühstück das Geschirr ab. LeRoy verließ die Hütte. Der ist verrückt nach seinem Geld, dachte Kennedy. Aber nicht mehr lange!

Nach dem Abwasch nahm Kennedy seine Pistole, überprüfte sie kurz und steckte noch etwas Reservemunition ein. In einem leeren Karton nahm er noch alte Flaschen mit. Diese Flaschen stellte er auf einem flachen Felsen auf. Er stellte sich in einer Entfernung von 20 Metern auf und feuerte. Mit der dritten Kugel traf er eine Flasche, die in viele Teile zersplitterte, die umherflogen. Insgesamt feuerte er drei Trommeln leer. Plötzlich tauchte LeRoy neben einem nahen Busch auf. Wie zufällig legte Kennedy auf ihn an. Seine Stirn befand sich genau in der verlängerten Linie von

Kimme und Korn. LeRoy blieb wie versteinert stehen, jetzt hatte er keine Chance. LeRoy wurde sichtlich blaß. Kennedy senkte den Lauf der Pistole und lächelte Leroy an. Während LeRoy sich entfernte, schoss Kennedy weiter auf die Flaschen. Dann ging er zur Hütte zurück. LeRoy war in der Hütte und saß am Tisch. Als Kennedy eintrat, erhob sich LeRoy.

„Ich sehe mal nach, ob wir nicht etwas zum Schießen hier finden!", sagte er, ergriff das Gewehr neben der Tür und verließ die Hütte. Kennedy sah nun eine Chance, seinen Plan zu verwirklichen. Er verließ die Hütte Minuten später und sah sich vor der Hütte um. Dann ging er zur Scheune, öffnete das Tor und betrat das Innere. Er legte sich unter den Wagen und trennte mit seinem Taschenmesser die Bremsschläuche fast durch. Dann kam er hinter dem Wagen hervor und ging ins Haus. LeRoy kam zwei Stunden später.

„Du musst bald in die Stadt, Jules", sagte Kennedy beiläufig. „Die Geschäfte schließen in einer Stunde." LeRoy, der von Ohr bis Ohr grinste, nickte, holte seine Jacke und setzte sich dann in den Wagen. Er winkte Kennedy ächzend zu, startete den Motor und lenkte den Wagen auf die Bergstraße. Kennedy sah ihm kurz nach und ging dann in die Hütte. Nach fünf Minuten kam er wieder heraus; in der linken Hand hielt er einen Spaten. Kennedy machte dich auf den Aufstieg in die felsige Bergwand hoch und blieb oben stehen. bat sich ihm ein schöner Ausblick. Unter ihm befand sich ein kleines Tal, in dessen Mitte es einen mittleren Teich gab, aus dem einige Tiere tranken. Kennedy stieg vorsichtig den Hang hinunter und orientierte sich kurz. Rechts stand der verkrüppelte Baum. Daneben gab es einen Busch und hinter dem Busch musste LeRoys Geld vergraben sein. Kennedy grinste, während er sich dem Busch näherte. Hinter dem Busch entdeckte er ein schwarzes Tuch, das aus dem Sand ragte. Er zog daran und hielt einen Plastikbeutel in der Hand, der an dem Tuchbefestigt war. Kennedy öffnete begierig den Beutel und griff hinein. Er fühlte etwas Kaltes, Schuppiges. Er spürte Bewegung... Leben. Dann verzog er sein Gesicht vor Schmerz. etwas hatte ihn gebissen und das brannte höllisch. Rasch zog er die Hand heraus. In seiner Hand hielt er eine Klapperschlage; ihre Klappern rasselten. Angewidert riss er sich die Schlage von der Hand und warf sie auf den Boden. Dann zog er seinen Revolver aus dem Hosenbund und feuerte auf die Schlange, bis sie nur noch eine blutige Masse war.

Unter starken Schmerzen versuchte Kennedy das Gift aus der Wunde herauszusaugen, was sich als aussichtslos zeigte, da er nicht das ganze Gift aussaugen konnte. Ich muss die Wunde herausschneiden, dachte er. Vergeblich suchte er nach einem Messer, doch sein Klappmesser lag auf dem Tisch in der Hütte.

Ich muss unbedingt zur Hütte, dachte Kennedy. Scheiß auf das Geld! Langsam kletterte er den Hang hinauf. Er dachte an LeRoy und grinste grimmig.

Mich kriegst du nicht, du verdammter Bastard! dachte Kennedy

LeRoy steuerte den Geländewagen auf die Bergstraße und erhöhte die Geschwindigkeit auf dem guten Straßenabschnitt. Er musste grinsen, als er an Kennedy dachte. LeRoy wäre Kennedy ein für alle Male los, wenn er in den Beutel greifen würde,

was er geplant hatte. Er wollte mich töten, über-
legte, LeRoy. Jetzt stirbt er selbst! Auge um Auge,
Zahn um Zahn, wie es schon in der Bibel steht. Eine
Kurve kam. LeRoy versuchte zu bremsen, doch das
konnte, er nicht. Entsetzt sah er die Kurve auf
sich zukommen und trat das Bremspedal durch. Doch
es nützte alles nicht. Als er wieder den Kopf hob,
sah er die Leitplanken auf sich zurasen. Der Wagen
durchbrach die Leitplanken, die der hohen Ge-
schwindigkeit des Wagens nicht gewachsen waren.
Mit weit aufgerissenen Augen und offenem Mund
sah der angegurtete LeRoy weit unter sich die Tal-
sohle, die aus Felsen bestand. Dann überschlug sich
der Wagen und LeRoys Kopf krachte heftig gegen
das Fenster. Sein Genick brach wie ein Streichholz.
Er war sofort tot. Der Wagen überschlug sich noch
einige Male, bevor es auf dem Dach liegenblieb.
Nach zwei Sekunden fraß sich Feuer durch das
Chassis. Als es den Benzintank erreichte, explo-
dierte der Wagen, Die Stichflamme schoss in die
Höhe, dem eine höhere folgte.

Kennedy erreichte die Hütte kriechend. Auf
den letzten Metern hatte ihn die Kraft verlassen.
Also kroch er auf allen vieren zu der Hütte, den
Geldbeutel hinter sich herziehend. In der Tür
blieb er liegen, zu kraftlos, um sich zu bewegen.
Mühsam drehte er sich um und schaute hinauf zum
Himmel, der sich über ihm wölbte.

Du hast es also doch geschafft, du dreckiger
Bastard! dachte Kennedy.

Zum Sprechen war er zu schwach. „Auge um Auge,
Zahn um Zahn", flüsterte er leise. Dann fiel der
Kopf kraftlos zur Seite. Er schlug nicht mehr die

Augen auf, doch er konnte noch eine große Explo-
sion hören, der eine zweite folgte. Schwach grinste
er. Dich hat es auch erwischt, dachte er zuletzt.
Dann umfing ihn eine gnädige Ohnmacht, aus der er
nie wiedererwachte. Seine gebrochenen Augen
blickten glanzlos zu der Felswand gegenüber. Ei-
nige weiße Wolken zogen über die Wand. Ein Bussard
zog einsam seine Kreise. Wind kam auf und wehte
Staub in die Hütte, die Tür knarrte.

GEDANKEN, GEDICHTE

Die Legion

Blasphemisch weht das schwarze Banner
der verlorenen Legion über unseren Köpfen im
schneidenden Wind,
der unsere Namen verhöhnt.
Graues Meer über unseren Köpfen,
grüne Wellen umspülen unsere Beine.
Silbern grüßt uns der Tod.
Unsere Stimmen sind heiser geworden vom Geschrei.
Die beiden Fahnen beginnen sich zu bewegen.
Zwischen den geduckten Hügeln prallen wir
aufeinander,
Arme schwingen Äxte, Rot leuchtet auf unseren
Kleidern.
Irgendwo schreit ein Sterbender seinen Zorn
hinaus in den neugeborenen Tag,
der behutsam die Gefallenen mit seinen Strahlen
bedeckt.
Hölzerner Schmerz, ich breche in die Knie.
Ein Reiter hält neben mir und beugt sich herunter.
Grinsend weiß sein Schädel,
seine Sense winkt mir stumm.
Ich bin noch nicht soweit. Noch nicht.
Aber bald schon, Krieger! Bald schon!

Die Krähe auf der Mauer

Die Krähe verläßt träge den Ast und fliegt heran,
ihre schwarzen Augen leuchten in der Umarmung
des neugeborenen Tages.
Sanft schwebt sie heran
und landet neben meinem Kopf auf der Mauer.
Ich sehe sie herankommen,
will mich bewegen, etwas sagen,
schaffe es aber nicht.
Meine Augen fokussieren jedes schwarze Detail
ihrer Federn.
Endlich ist sie heran.
Ihre Gestalt verdeckt die Sonne.
Zögernd, dann schneller werdend,
hackt sie mir die Augen aus.
Und fliegt triumphierend zurück.

(Kopf eines Getöteten zur Abschreckung auf einer Mauerkrone ausgestellt)

Regenwände

Regenwände bilden bizarre Häuser,

Gesichterscherben zerspringen auf tränendem

Asphalt.

Bunte Wände funkeln höhnisch auf gebeugten

Rücken.

Meine Augen nehmen alles auf wie Kameras.

Weitwinkel.

Tiefer tauche ich in meine Jacke

und schaue zu deinem Fenster hinauf,

Äste schlagen mein Gesicht.

Die Tropfen ringen die Blumen nieder.

Lange steht ihr beiden da,

ein Körper,

lippende Umarmung.

Stadt

Mein Blick schnellt hoch, prallt ab vom blauen
Himmel und zerschellt an den Häusern gegenüber.
Meine Augen hasten die Häuserfronten und Dächer
entlang und stolpern über Gesichter.
Zwischen mir und den Gebäuden hasten schiebend
Menschen mit leeren Gesichtern, im Gleichschritt.
Sie bewegen sich wie Hüllen, Schatten ihrer selbst.
Nur wenige sind anders, schwimmen gegen den Strom.
Frauen in kurzen Röcken, blondes Lachen.
Anzugsroboter.
Die Szenerie kollabiert, faltet sich zusammen, eine
Collage, zweidimensional gleich einem japanischen
Farbholzschnitt
Nichts ist mehr wirklich, eingefrorene Gedanken.
Endlich verlässt mich dieses Gefühl, die Menschen
setzen sich wieder langsam in Bewegung, das Lachen
kehrt zurück.

Die Spinne

Die Spinne an der Decke lässt sich langsam am
Faden hinab.
Sie wandelt über meine Hand, spüre ihre Beine auf
meiner Haut.
Ich ziehe meine Hand nicht zurück, beobachte ihre
Bewegungen,
ihre dunklen Augen.
Sie verharrt auf meinem Unterarm.
Langsam gräbt sie ihre Zähne in meine Haut, ich
schaue nur zu.
Blut rinnt über meinen Arm, tropft auf den Boden.
Endlich ist sie ganz in meinem Fleisch
verschwunden.
Ich kann spüren, wie sie sich einen Weg durch
meine Muskeln frisst.
Völlig erstarrt sitze ich da, nichts geschieht, bis
auf das ständige Graben in meinem Fleisch.
Schließlich erreicht die Spinne mein Herz, spüre
ihre Beine gegen mein Herz drücken.
Kleine scharfe Zähne nagen, mein Herz pocht
langsamer, setzt schließlich aus.
Meine Lungen schreien nach Luft.
Die Spinne hat sich durch meinen Hals gefressen
und das Gehirn erreicht.
Letzte Empfindung: Kleine Zähne nagen von innen
gegen meine Augäpfel.
Langsam

Ich…

Rot

Seltsam...
Früher besaß Rot den Habitus der Liebe
in meinen Erinnerungen, doch nun...
Die Rinde des Baumes drückt gegen meinen Rücken,
der Geruch des Waldes hängt wie ein feiner
Schleier in den Ästen über mir.
Tief atme ich ein, muss husten,
fülle die Lungen mit frischer schwerer Morgenluft
und schließe
für einen Moment die Augen.
Öffne sie.
Wahrnehmen.
Auf dem Hügelkamm bin ich dem stahlblauen
Frühlingshimmel greifbar nahe,
kristallklar die Luft,
wie sie Hemingway in seinen Büchern beschrieb.
Langsam hebe ich die Hand zur Sonne,
lasse sie durch meine Finger scheinen.
Das habe ich als Kind immer genossen.
Herrlich!
Die Wärme streichelt mein Gesicht,
als ich die Hand wieder sinken lasse.
Mühsam stemme ich mich etwas höher.
Husten.
Ein sanfter Wind flüstert leise in den Ästen
und streichelt meine Haare
und den Schweiß auf der Stirn.

Ich fröstele,

die Jacke ist ganz feucht.

Mir ist kalt.

Die Sonne.

Sie wärmt nicht mehr!

Mutter! Wo bist du?

Mutter!

Mir ist kalt.

So kalt.

(Frühlingsmorgen; tödlich getroffener Soldat lehnt an einem Baumstamm und wartet auf den Tod)

Der Gärtner

Häuser wie ausgeschlagene Zähne flankieren die staubige Straße
unter unseren Füßen.
Bleiern der Himmel,
Nebel zerfetzt meine Augen.
Irgendwo schreit ein Sterbender seinen Zorn dem neugeborenen Tag entgegen.
Jenseits der Straße wachsen dunkle Pilze empor.
Dorthin sind wir unterwegs.
Wir sind die Verdammten,
leere ausgebrannte Hüllen,
grün bemalt.
So war es gestern, so ist es heute und so wird es immer sein.
Gedankenlos setzte ich Fuß vor Fuß und folge den anderen
zum Großen Garten der Pilze.
Der Gärtner wartet bereits.

Ich

Ich zerschlage meine Sorgen

in den Ohren anderer,

leise,

eindringlich.

Buhle um einen geliehenen

endlosen Augenblick.

Augen.

Meine.

Deine.

Ein Fließen der Zeit.

Wir treiben davon.

Die Krähe

Mit dem sterbenden Tag verklingt der
Schlachtenlärm.
Stille breitet sich wie ein Leichentuch über der
sanften Ebene aus,
das stumme Meer reicht bis zum Horizont.
Meine Augen meißeln zerrissene Glieder, die den
Himmel anklagen, verkrümmte Körper, keiner Mutter
Kinder mehr, verröchelte Pferde, zerbrochene
Lanzen und in den Boden gerammte Fahnen aus dem
fahlen Licht.
Mit dem Rücken an einem Pferdekadaver liegend
betrachte ich die zerschmetterten Beine.
Meine Beine.
Nie wieder werde ich über die Felder meines
Heimatdorfes laufen,
über Bäche springen oder mit der Geliebten tanzen
können.
Die Krähen fliegen aus dem Saum der Nacht heran
und setzen sich auf die bunten Körper. Ihre
Schnäbel hacken Fleisch aus einst kraftvollen
Armen und starken Beinen, picken zerbrochene
Augen aus erstaunten Gesichtern.
So gestärkt fliegen sie mit den Seelen der Toten
davon in das lockende Reich ohne Wiederkehr.
Eine Krähe setzt sich auf meinen Fuß,
verscheuche sie.
Wenige Schritte entfernt verharrt sie,

in ihren Augen funkelt höhnisches Erstaunen.

Krächzend grüßt sie meine Seele.

Rasch zieht die Nacht herauf.

Ride on

Die Gesichter schweben wie unwillige,
hastig bemalte Luftballons durch die Regenstäbe.
Gebeugte Rücken, graue Larven.
Ameisenkolonnen.
Bunte Lichter treiben durch meine Augen.
Ride on. Ride on.
Irgendwo schreit eine eingemauerte Seele,
Schwingen der Engel berühren mein fiebriges
Gesicht.
Stimmen verblassen im Dunkel der Gassen,
gebeugt vom Alter, niedergekauert gegen den Regen.
Primärfarbengesichter. Weiblich. Triebe. Paarung.
Mentaler Mahlstrom. Karussell des Seins.
Ich entschwebe, sehe mich von außen kreisend.
Gebt mir das Vergessen zurück
und helft mir der roten Maske zu entkommen.
Die bunten Brüder sind heran und umringen mich,
der letzte Reigen hat begonnen.
Die Musik in meinem Kopf beginnt aufzuspielen.

Denken

Münder laichen Worte,

Blicke prallen zurück,

Gesichter fangen Gelächter.

Stummes Entsetzen.

Fliehen.

Zu spät.

Treibe auf dem Strom der Tränen dahin,

Sei dein Leib meine Arche

und entführe mich ins Arkadien.

Ewige Treue.

Bis morgen.

Die Stadt

Hochschwanger liegt die Nacht über der Stadt
und gebärt bunte Körper zwischen grauen Laken.
Die Stadt ertrinkt im Regen,
Um mich herum toben bunte Kriege,
in Technicolor,
meine Seele schwimmt davon.
Gesichter, Gesichter, überflüssiges Sein,
Scherenmenschen schneiden die Straßen.
Die Leiber der Frauen sind prall,
bereit den Heiland zu gebären.
Das alte Spiel der unsinnigen Vermehrung hat
viele Anhänger.

Einsamkeit

Leere Straßen,

Leute mit gebrochenen Gedanken,

leeren Augen und müden Schultern

hasten an mir vorbei.

Irgendwohin.

Ohne Ziel.

Kurzes Lachen.

Verbissen.

Treibe zwischen Gesichterflecken

durch verrinnende Straßen.

Ich schließe mich an,

wandere durch Konsumgruften.

Allein.

Zu lange.

Allein.

Die Frau

Die Frau setzt sich mir gegenüber.

Ihr Lachen hackt meinen linken Unterarm ab.

Schreiend krieche ich zur Tür.

Sie folgt mir und stellt sich über mich.

Sie lacht mich entzwei

Bis ich nur noch ein Haufen blutiger Knochen bin.

L e b e n

Warme Regenhände

liebkosen mein Gesicht.

Deine blaue Augen.

In meinen.

Du.

Ich.

Wissen.

Pulsieren.

Hoffen.

Flehen.

Trau' dich!

Los!

Du gehst!!

ALLEIN!!!

Die Maschine

Füttere mich! schreit die Maschine.

In meinen Händen.

Füttere mich!

Mit geborstenen Gedanken und glasigen Träumen.

Laß mich singen und schreien.

In Körpern.

Tief und rot!

Ich will schneiden.

Fleisch und Knochen.

Vater. Mutter. Kind.

Zwischen grauen Schädeln ohne Augen,

Zwischen grünen Fingern,

Meinen Namen stanzen in blauen Lettern.

Füttere mich!

Füttere mich!

Hörst du die Stimme in dir nicht?

Gib' mir Knochen und Fleisch!

Laß es mich nicht wiederholen!

Füttere mich!

Der Nebel

Menschen stehen Schlange im Nebel.

Stelle mich ans Ende.

Jemand kommt aus dem Nebel und geht die Reihen entlang.

„Leben!" ruft er leise. „Frisches Leben!"

Er verteilt es mit der Schöpfkelle. Die anderen halten ihm ihre Gefäße entgegen.

Ich habe nichts dabei und halte ihm die gewölbten Handflächen hin.

Nach kurzem Zögern schöpft er etwas in meine Hände.

Es ist heiß, und ich lasse es zu Boden fallen.

Seine Stimme verliert sich im Nebel …

Quellen und Lesetipps

E. A. Poe – Erzählungen

F. Kafka – Erzählungen / Der Prozess

T. Mann – Tod in Venedig

H. Hesse – Unterm Rad

B. Chatwin – Traumpfade

F. Pessoa – Das Buch der Unruhe

C. Castaneda – Diverse Bücher

H. Murakami – Kafka am Strand

E. Hemingway – In einem anderen Land

C. Malaparte –Kaputt

Pitigrilli – Kokain

P. Istrati – Kyra Kyralina

H. P. Lovecraft – Berge des Wahnsinns

V. Weidermann – Das Buch der verbrannen Bücher

S. King – Das Leben und das Schreiben

W. Rice – Mond des verharschten Schnees

M. Gasser – Das Buch der Bücher für die Insel

A. Pechmann – Die Bibliothek der verlorenen Bücher

P. K. Dick – Das Orakel vom Berge

F. Herbert – Dune

Der Autor beschreibt in Kurzgeschichten und Gedichten wichtige Themen des Lebens wie Liebe, Romantik, Ängste und Hoffnung, Trauer und Verlust. Die Geschichten stammen aus verschiedenen Genres, beschreiben oft Selbsterlebtes. Sie sind vielschichtig und lebendig, häufig mit einem unerwarteten Turn.

Der Autor schreibt seit seinem zwölften Lebensjahr Kurzgeschichten, Novellen und Romane.

Das hier ist sein erstes veröffentlichtes Buch.

9 783759 770134